VOLTAIRE PEINT PAR LUI-MÊME.

PROPRIÉTÉ.

Les formalités voulues par la loi ont été remplies.

Tous droits réservés.

VOLTAIRE

PEINT PAR LUI-MÊME.

Vulgariser l'erreur et salir la vertu ;
Oser mentir, mentir, et dans quelque impromptu,
Libelle, ode, poème ou bien lettre badine,
Traîner jusqu'à l'égoût sa muse libertine ;
Acclamer les Prussiens, flatter la Pompadour ;
Insulter la Pologne en termes de Pandour ;
Rougir d'être Français, empoisonner son siècle,
Est-ce là le secret d'être applaudi du *Siècle* ?

CONFÉRENCES

données à Malines, Namur, Alost, Gand, Liége,
Verviers et Louvain

PAR

GUILLAUME LEBROCQUY.

———— ❦ ————

BRUXELLES.

COMPTOIR UNIVERSEL D'IMPRIMERIE ET DE LIBRAIRIE,

VICTOR DEVAUX et Cie, rue Saint-Jean, 26.

| PARIS, | BOIS-LE-DUC, |
| C. DILLET, libraire, 15, rue de Sèvres. | W. VAN GULICK, libraire. |

NAMUR.

TYPOGRAPHIE DE ADOLPHE WESMAEL, FILS.

—

1868.

PRÉFACE.

Sous le titre : VOLTAIRE PEINT PAR LUI-MÊME, j'ai coordonné les éléments des conférences que j'ai données, sur le même sujet, cet hiver, dans les principales villes du pays.

Je me suis efforcé de faire, de ces diverses conférences, un ensemble, un tout; j'ai groupé tous les faits sous un seul et même plan; je les ai résumés tous dans le portrait moral du Patriarche de Ferney. En un mot, j'ai cherché à produire, d'après une méthode nouvelle, un portrait complet, ressemblant et vrai de cet homme si tristement célèbre, et que les incrédules et les libres-penseurs contemporains reconnaissent tous pour leur précurseur, pour leur maître et leur chef.

Afin que ce portrait fût, avant tout, d'une ressemblance irrécusable; afin que les lignes, les ombres et les couleurs fussent toutes véridiques et authentiques, — me défiant, non sans quelque raison, de la justesse de mon œil, de la sûreté de ma main, de la qualité de mes pinceaux et de la composition de

*ma palette ordinaire, — j'ai pris pour règle de faire poser
Voltaire lui-même devant un miroir d'une invariable fidélité,
et de lui faire reproduire lui-même son image, trait pour trait,
couleur pour couleur, grimace pour grimace. C'était le seul
moyen de justifier le titre :* VOLTAIRE PEINT PAR LUI-MÊME.

*Le procédé se réduit à ceci : relever, dans les écrits de
Voltaire, et notamment dans sa correspondance intime, les
passages textuels les plus propres à faire connaître l'homme,
l'écrivain, le prétendu philosophe. Prouver, par des textes
nombreux, — toujours surabondants, tous empruntés à Voltaire
lui-même, clairs, péremptoires, décisifs, — son mépris de la
vérité et de l'humanité, sa cupidité, sa bassesse, son intolérance, son impiété, son hypocrisie sacrilège, etc., etc.; — et
conclure, alors seulement, sur des faits avérés, admis par les
apologistes comme par les adversaires : telle est la méthode du
livre que je présente aujourd'hui au public; telle est sa raison
d'être, et, si je ne me fais illusion, son utilité.*

*J'ai essayé, dans les limites du possible, de faire une démons-
tration que j'appelerais volontiers scientifique, de l'infamie
de Voltaire. Écartant, récusant provisoirement tous les jugements portés sur le Patriarche, depuis plus d'un siècle, j'ai cru
préférable de remonter aux sources, de m'en tenir aux pièces
matérielles de conviction et aux aveux de l'accusé. Rien ne
résiste à l'évidence des faits ; et les faits parlent assez d'eux-
mêmes.*

VOLTAIRE PEINT PAR LUI-MÊME, *c'est encore un exposé en raccourci de la vie de Voltaire; c'est une biographie morale, où
seulement on a fait bon marché de l'ordre chronologique. J'ose
espérer que ces pages donnent une idée complète et suffisante du
vrai Voltaire, envisagé sous tous ses aspects « ondoyants et
divers. » — J. de Maistre, par un véritable tour de force de
son génie, a reconstruit, d'après le portrait peint de Voltaire,
qu'il avait rencontré dans un salon de Ferney, le portrait moral
du Patriarche ; et l'étude psychologique de l'homme ne contredit*

pas un seul des points relevés par l'immortel auteur des Soirées.
— *Tant son âme s'était imprimée dans ses traits! Tant la face
humaine, à la longue, peut devenir le reflet du caractère!* —
A plus forte raison, en vertu de l'adage : le style c'est l'homme,
*Voltaire se révèle tout entier dans son étonnante correspon-
dance. C'est là qu'on voit le Voltaire vrai, sans poudre, sans
fard, sans les oripeaux brillants sous lesquels, lorsqu'il pose
officiellement, il voile sa hideuse et infecte nudité.* — *Voltaire
s'y révèle comme à son insu et malgré lui, puisque lui-même,
pressentant l'heure de l'avenir et des réparations de l'histoire
impartiale et vengeresse, écrivait, d'une part, à Damilaville :*
« Que nos lettres, mon cher frère, ne soient que pour nous et
» pour nos adeptes; » *et d'une autre part, à son agent d'affaires
Moussinot :* « Brûlez, brûlez ces paperasses, on m'y verrait trop
» en laid. » *Mais la Providence veillait sur ces paperasses, et
si nous voyons aujourd'hui Voltaire* « trop en laid », *à qui
la faute?*

*Avant tout, j'ai poursuivi un but utile, pratique, populaire.
J'ai évité de faire un livre long, parce que je sais que notre
siècle affairé n'a plus le temps de lire. Pour marcher plus vite,
je me suis restreint au strict indispensable. Au risque d'être
moins littéraire, moins académique, j'ai fait, quand il le fallait,
bon marché des transitions; j'ai sacrifié, — comme du reste dans
mes conférences, — toute prétention au beau langage, — au
profit de la clarté, de la démonstration et du but. Je me suis
effacé derrière mon Voltaire, puisqu'il s'acquittait, beaucoup
mieux que je n'aurais pu le faire moi-même, de la besogne entreprise. Même je n'ai pas reculé devant des répétitions qui pourraient paraître fautives, quand j'ai cru pouvoir ajouter quelque
chose à la force démonstrative, par l'accumulation et la grada-
tion des parties. Bien plus, ma méthode, qui m'obligeait à
reproduire des citations de Voltaire, par centaines, me condam-
nait à un style raboteux et saccadé, dans presque toute la suite
du discours. En me résignant à cette nécessité, si peu faite*

pour rehausser la forme et pour faire valoir l'écrivain, j'ai pensé, tout en faisant acte d'abnégation, que mon petit livre serait toujours assez bien écrit, s'il pouvait produire quelque bien, commencer la conviction chez les uns, l'achever chez les autres, faire rougir les fanatiques de se vanter désormais du titre de Voltairiens.

Ce résultat, l'ai-je atteint, partiellement du moins? — Je puis répondre affirmativement, si j'en juge par le bien qu'on a bien voulu me dire de mes conférences sur le même sujet. Mais loin de moi la présomption puérile d'avoir, seul et d'un seul coup, renversé de son piédestal d'infamie la statue de l'idole, qui est dure et résistante. Je n'ose pas même me flatter d'avoir pu l'ébranler sur sa base. Mais catholique convaincu, homme de la lutte et de la polémique quotidienne, conscience révoltée à la vue d'un monstre de corruption et d'impiété, qu'on veut faire passer aux yeux du peuple crédule pour le type du sage et du philosophe : j'ai tenu à honneur d'apporter mon pavé et de le lancer de toutes mes forces, pour contribuer ainsi à l'œuvre de la lapidation commune; et je m'estime suffisamment récompensé de mes efforts et de mes peines, si j'ai réussi seulement à éborgner un peu le fétiche, et surtout à faire voler en éclats le manteau d'hypocrisie dont lui-même, de son vivant, s'est pompeusement affublé.

Guill. LEBROCQUY.

Dinant, 8 février 1868.

APERÇU GÉNÉRAL SUR VOLTAIRE.

Nous ne connaissons pas Voltaire.

Il est plus que temps que les honnêtes gens sachent à quoi s'en tenir sur le vrai Voltaire. L'ignorance, la paresse, la mauvaise foi nous ont fait un Voltaire *retouché*, un Voltaire de fantaisie, qui n'a rien de commun avec le Patriarche de Ferney, c'est-à-dire avec l'auteur de *La Pucelle* et de l'*Encyclopédie*, avec le coryphée de l'impiété au XVIIIme siècle.

Signe du temps bien plus redoutable : les disciples, les fanatiques, les apologistes de Voltaire lèvent de nouveau la tête et redoublent d'audace, parce qu'ils se croient légion. Or, comme dit L. Veuillot : « La glorification de Voltaire est un attentat contre le genre humain, une insulte à toute justice, à toute pudeur, à tout bon sens. »

C'est ce qui est à démontrer ; et c'est précisément la nécessité de cette démonstration qui prouve que nous ne connaissons pas Voltaire.

Parmi les catholiques de bonne foi, combien qui ne connaissent pas le vrai Voltaire, qui ne se font pas l'idée de tout ce qu'il y a de coupable et d'abject dans cette effrayante personnalité ! Et combien qui le connaissent ? L'autorité et la tradition nous ont transmis un Voltaire incomplet; nous ne possédons que des fragments informes, mutilés, parfois même dénaturés et falsifiés du monstre. Tout ce que nous savons, tant par son œuvre. que par l'ébranlement profond qu'il a causé à la religion et aux mœurs; par les désastres incalculables de la Révolution qui le révendique, à juste titre, comme son père : c'est que son génie était pervers; que, doué des plus grandes facultés de l'intelligence, il ne s'en est servi que pour corrompre, nier, détruire.

Certes, son nom ne nous est pas sympathique; il nous est parvenu comme celui d'un des plus redoutables persécuteurs de la religion; comme celui d'un esprit d'autant plus malfaisant et dépravé, qu'il avait reçu de la Providence plus de dons naturels en partage.

Mais notre antipathie, si légitime qu'elle soit, n'est pas suffisamment motivée. L'autorité, dans notre siècle de libre-discussion et de critique historique, ne suffit plus. Il faut des preuves; il faut des pièces justificatives; il faut remonter aux sources; faits à l'appui, il faut contrôler l'autorité et la tradition. — Nous ne disons pas que c'est un bien; nous prenons la nécessité, le fait tel qu'il est.

Or, ce qui était difficile, peut-être impossible il y a quelques mois encore, ne l'est plus, maintenant que M. l'Abbé Maynard a achevé et livré au public ce monument qui s'appelle : *Voltaire, sa vie et ses œuvres* (1). Là se révèle le véritable Voltaire, dans toute sa laideur, dans sa hideuse et repoussante nudité.

Nous ne dissimulerons pas l'impression profonde qu'à causée chez nous la lecture de ces deux volumes. Une véritable révélation ! Nous aussi, nous pensions connaître Voltaire; nous en parlions à notre aise. Nous n'avions pas la moindre tentation de donner dans des illusions des souscripteurs de M. Havin; mais que nous étions loin de soupçonner que le Patriarche fût

(1) *Voltaire, sa vie et ses œuvres*, par M. l'abbé MAYNARD, chanoine honoraire de Poitiers. 2 vol. gr. in-8°. Paris. Ambroise Bray. 1868.

si laid! Quelle corruption! quel cynisme! quel mépris de la
vérité et de l'humanité! quelle impiété et quelle monstrueuse
hypocrisie! Ce qui n'était d'abord chez nous qu'une conviction
vague, est devenu une conviction raisonnée, basée sur l'évidence matérielle. Les faits parlent plus haut que toutes les
théories, que toutes les inductions. Nous avons compris le mot
de Mgr Dupanloup : « *l'Infamie personnifiée!....* » Ce mot est
devenu pour nous une vivante réalité. Et depuis lors, nous
n'avons plus eu qu'un seul désir : celui de faire partager aux
autres notre profonde conviction; de leur démontrer Voltaire
scientifiquement; de les réduire, par l'évidence des faits. De
là, l'idée première des conférences successives que nous avons
données sur Voltaire, dans diverses villes du pays.

Nous nous sommes imposé pour tâche de faire connaître
Voltaire, partout où il y aurait une tribune ouverte pour nous
entendre. On a bien voulu nous assurer que la lumière s'est
faite déjà dans bien des esprits. Mais comme partout le temps
manquait devant nous, et que le public des conférences, si
nombreux qu'il soit, n'est jamais que la minorité des hommes
de bonne volonté : nous avons cru devoir coordonner et con-
denser la matière de nos études et de nos diverses conférences,
et nous avons appelé la plume au secours de la parole. — De
là le travail que nous publions aujourd'hui. Trop heureux, s'il
peut rendre quelque service; s'il peut achever la conviction
chez les uns, et la commencer chez les autres. Discréditer le
culte de Voltaire, vu la disposition de beaucoup d'esprits,
encore imbus de ses maximes funestes c'est, nous semble-t-il,
avoir travaillé au profit de la vigne du Seigneur, de l'Église
catholique.

C'est là ce qui nous a encouragé dans les labeurs que nous
nous sommes imposé cet hiver dans ce but; et sans nous
laisser distraire par aucune espèce de préoccupation étrangère,
nous avons marché en avant, dans l'espoir que, dans la mesure de nos faibles facultés, nous pourrions faire quelque bien
autour de nous.

Mais si nous, les catholiques, les hommes de bonne foi et de bonne volonté, nous ne connaissons pas Voltaire, que dirons-nous des autres : des Havins de toutes les catégories? Ils représentent le *Patriarche* comme un sage, comme un ami du peuple, un homme bienfaisant, sans préjugés, — un peu brutal peut-être dans ses procédés; comme l'apôtre de la tolérance, comme le redresseur des griefs, comme celui qui a ouvert l'ère moderne, dans tout ce que celle-ci peut avoir de bon. Voltaire et les *immortels principes* de 89, voilà leur thème inépuisable. — Passe pour Voltaire, précurseur des *immortels principes*, pris dans leur plus mauvaise acception. Mais le Voltaire vrai, le Voltaire de l'histoire, le Voltaire tel que le révèlent sa *Correspondance* intime, celle de ses amis, les *Mémoires* du temps, les témoignages les plus authentiques et les plus indiscutables : ce Voltaire-là, ils s'obstinent à ne pas le connaître, ils le nient mordicus; ou plutôt, reprenant ici un principe du maître, quand les faits que nous apportons sont trop flagrants, ils n'hésitent pas à nous dire : *Vous en avez menti!...*

Ah! nous en avons menti! Qui veut se donner la peine de nous suivre jusqu'au bout saura à quoi s'en tenir.

Mais cette indignation prouve une chose déjà : c'est que les apologistes et les fanatiques de Voltaire renient le vrai Voltaire. Rien de plus propre à nous encourager dans notre tâche.

Oui, comme le dit si éloquemment L. Veuillot, dans l'appréciation du livre de M. l'abbé Maynard :

« Ils se font un Voltaire retouché qui n'est point du tout celui dont ils louent la vie et les œuvres; ils le couvrent de feuilles de vigne, auxquelles ils donnent les plus amples dimensions que puisse avoir un manteau; aussi respectueux que les fils de Noé, ils s'approchent à reculons, ils allongent ce manteau jusque sur les pieds, ils le font monter jusque sur le visage, ils prodiguent les plis. Nul d'entre eux n'ose dire : Eh bien, oui! le Voltaire vrai, celui que vous nous montrez, et que ses œuvres montrent à qui peut braver l'horreur de les lire, l'impie de profession, le ribaud, l'horrible jeune homme, l'horrible homme fait, l'horrible vieillard, c'est là notre père et notre prophète, et c'est ainsi que nous l'aimons!

» Mais, encore une fois, ils n'avouent pas ce Voltaire-là. »

Or, c'est ce Voltaire-là que nous voulons leur montrer, pour leur instruction et pour leur châtiment. Le miroir est là, qu'ils s'y regardent. Et s'ils s'obstinent à fermer les yeux, pour ne pas voir; l'évidence des faits, impitoyable comme ces démons de Dante et de Soumet, viendra leur couper les paupières et les empêcher de nier encore la lumière du jour.

Mais parmi les libres-penseurs, il y a encore des hommes de bonne foi qu'il faut éclairer et instruire à tout prix; peut-être malgré eux, parce qu'ils sentent moins le besoin de sortir de leur erreur, de secouer leurs préjugés. N'avons-nous pas entendu, dans une séance du Corps-Législatif de France, qui restera célèbre, M. Thiers, au milieu de ses plus magnifiques développements sur la question romaine, énoncer cette étrange proposition :

« *Ah! je comprends les colères de Voltaire, de Voltaire* QUE J'ADMIRE PARCE QU'IL EST LE BON SENS FRANÇAIS S'EXPRIMANT DANS LA LANGUE LA PLUS PURE. *A l'époque où Voltaire a fait et dit ce qu'il a fait et dit, la religion catholique était oppressive. On rouait Calas, on était au lendemain des proscriptions et des dragonnades. Aujourd'hui, Voltaire rougirait d'attaquer un culte.* »

Pour qui connaît Voltaire et pour qui admet la bonne foi chez M. Thiers, lequel se vante d'être *philosophe*, cette déclaration paraît monstrueuse, tellement elle marche à l'encontre des faits. M. Thiers *admire* Voltaire! Si c'est là le *bon sens français*, grand Dieu, où en sommes-nous? — Nous aimons mieux supposer que M. Thiers, comme les philosophes de son école, ne connaît pas Voltaire; sinon, ils auraient honte de leur modèle. M. Thiers est un historien illustre; il connaît à fond l'histoire des gouvernements, l'histoire des rois et l'histoire des batailles; mais il n'est pas initié à la biographie de celui

qu'il *admire*. Tant il est vrai que les *philosophes* eux-mêmes,
ceux qui rejettent la tradition et l'autorité, pour ne plus relever
que de leur jugement personnel, sont, à leur tour, victimes des
préjugés de leur enfance et acceptent, sans discussion, les
jugements les plus erronés sur certains hommes, sur certaines
institutions. Nous croirions faire injure à M. Thiers, en lui
disant, après Pascal : *Incrédules, les plus crédules!* Mais ce
mot s'applique, dans toute sa force, à la plupart de ceux qui
relèvent de l'école du libre-examen.

Donc il importe que tous nous connaissions Voltaire. Son
œuvre subsiste ; ses écrits exercent encore des ravages affreux
dans toutes les classes du peuple ; on les réédite, on les vulgarise. Bien plus, on veut élever l'idole au rang des demi-
dieux. C'est sérieusement que les fanatiques parlent de lui
ériger une statue. Les fonds arrivent ; lentement, il est vrai ;
mais ils arrivent. C'est cette statue qu'il faut rendre impossible,
chacun dans la mesure de ses forces, sur le terrain où la Providence l'a placé. Ou, si la statue s'élève, il faut nécessairement que ce soit.... « *par la main du bourreau* », comme dit
J. de Maistre.

Oui, l'heure est bonne pour saper les bases de la statue en
perspective ; on dirait qu'elle est providentielle. Jamais peut-
être, depuis la mort du Patriarche, depuis près d'un siècle,
les esprits n'ont été dirigés avec plus d'attention sur cette
figure étrange et satanique. — Les deux camps s'agitent ; un
procès solennel va se débattre. De part et d'autre arrivent de
volumineux dossiers, pour cette canonisation d'un *nouveau*
genre. Les *avocats du diable* ne manquent pas ; mais les avocats de Dieu seront aussi à leur poste. Du siége épiscopal
glorieux d'Orléans, je vois s'avancer le ministère public ; et au
nom de la religion, de la morale, du bon sens outragés, je
l'ai entendu proférer une parole qui retentit déjà comme une
condamnation dans le monde entier : l'INFAMIE PERSONNI-
FIÉE ! Ce mot, prononcé à Malines pour la première fois, le

4 septembre 1867, a opéré, à l'instar des mots sacramentels ; il a opéré immédiatement, dans les esprits bien préparés, tout ce qu'il signifie.

Oui, il faut rendre impossible la statue de celui qui a travaillé trente ans de sa vie à écrire la *Pucelle d'Orléans*, et trente autres années encore à *Écraser l'Infâme*, c'est-à-dire l'Église catholique et N. S. Jésus-Christ.

Mais, comme dit encore L. Veuillot, « *pour employer le bourreau, il faut un jugement.* » Et ici, nous ne pouvons nous abstenir de citer ce passage, qui sera en même temps un hommage bien mérité que nous sommes heureux de rendre à M. l'abbé Maynard, sans le livre précieux duquel jamais nous n'aurions été en mesure de faire le travail que nous publions aujourd'hui :

« Pour employer le bourreau, il faut d'abord un jugement. M. l'abbé Maynard a rempli cette clause essentielle : il a instruit la cause et prononcé l'arrêt. Il n'a pas plaidé. Son livre est sans passion, sans colère, quelquefois même on le voudrait plus irrité. Mais l'écrivain est prêtre ; il voit ce que cette âme malheureuse a porté au tribunal de Dieu ; il songe au terme où va ce triomphateur, à cette mort sans repentir, après de telles œuvres et une telle vie.

» Quel besoin a-t-il d'accuser? Il expose ; son but n'est pas de charger le coupable, il ne veut qu'éclairer la conscience publique devant qui ce coupable est cyniquement et stupidement glorifié. La glorification de Voltaire est un attentat contre le genre humain, une insulte à toute justice, à toute pudeur, à tout bon sens. Il fallait montrer qu'un homme ne fait pas métier d'outrager Dieu, sans se mettre en dehors de l'humanité, et que Voltaire eut au-delà du contingent des vices ordinaires à l'espèce. Voilà un point établi sur pièces authentiques. A présent, la statue peut venir : qui que ce soit qui l'élève, celui-là sera son bourreau, et quand tout le genre humain s'y mettrait et ferait de cette statue d'ignominie une idole, cela ne prouverait qu'une chose, qui fut le crime de Voltaire : l'avilissement du genre humain. »

Ce n'était pas chose facile que de faire connaître Voltaire, dans le cadre étroit d'une conférence. Ce ne l'est guère davantage pour une brochure. Que de développements interdits,

les uns, à cause de leur étendue, les autres, à cause du respect
dû au lecteur ! Car cette vie de Voltaire est infecte d'un bout à
l'autre. Nous devons donc nous circonscrire, nous réduire aux
points de vue, aux faits les plus indispensables. Pour le reste,
nous renvoyons aux grands ouvrages, et spécialement au livre
de M. l'abbé Maynard.

Mais ce livre est considérable. Non-seulement il n'est pas à
la portée de toutes les bourses, mais il est volumineux. Bien
peu auront le loisir de le lire; d'autres ne sauront pas tra-
verser les aridités nécessaires de ce vaste sujet. Notre but est
donc d'extraire de ce savant livre la substance, la moëlle, le suc.
Humble détaillant de la vérité, nous voudrions présenter un
tableau en raccourci; ou si l'on préfère, une réduction par la
gravure ou la photographie du grand tableau original. Nous
voudrions vulgariser le livre de M. Maynard, ou plutôt le mettre
à la portée de tout le monde. Et pourtant notre travail est loin
de ressembler à la photographie, quand à l'économie des lignes
et des contours; nous avons dû tout bouleverser, glaner partout,
coordonner à nouveau, sous des aspects choisis par nous.

M. Maynard suit l'ordre de la chronologie et des faits ; nous,
nous faisons une étude psychologique et morale. Il nous a donc
fallu porter le scalpel dans les moindres replis de cet organisme
compliqué. Il est résulté de nos recherches et de nos études,
un ensemble de traits détachés, qui constituent un portrait de
Voltaire, peint d'après nature, ou plutôt *peint par lui-même.*
Toute notre attention a porté surtout à le rendre ressemblant et
vrai. Nous savons trop bien ce que nous devons à la vérité, pour
nous permettre de rien exagérer, même en vue d'un bien quelconque à faire. Et puis, le Patriarche est déjà assez laid par lui-
même, Dieu merci; tellement laid, que nous aimerions mieux
plaider en sa faveur les circonstances atténuantes.

Pour bien connaître Voltaire, il faudrait connaître et apprécier ses écrits, conformément à l'adage : « *Le style c'est
l'homme !* » Mais cela nous entraînerait loin. L'œuvre de Vol-

taire, c'est une encyclopédie. Et puis, ce travail est fait. Il n'y a qu'à choisir. Faute de mieux, on pourrait déjà se contenter des appréciations de Chateaubriand et de Villemain. — Donc, cet aspect de l'homme, force nous est bien de le négliger (1).

Nous étudions Voltaire pris en lui-même, dans les faits de sa vie, — valeur intrinsèque. C'est à l'homme que nous nous adressons, et spécialement à l'homme privé. Nous voulons essayer de retourner l'adage, en démontrant que l'*homme c'est le style*. Nous voudrions, l'homme connu et apprécié, jeter une nouvelle lumière sur l'écrivain, pour arriver à cette conclusion : un tel homme ne pouvait créer qu'une telle œuvre ; une telle dépravation ne pouvait produire que des fruits de corruption et d'impiété ; l'œuvre d'un pareil *scélérat* — le mot est de Frédéric-le-Grand, — ne pouvait être qu'une œuvre scélérate, perverse, funeste, monstrueuse, lamentable.

Un esprit corrompu ne fut jamais sublime.

Cette sentence est de Voltaire lui-même.

Mais la vie de Voltaire, abstraction faite de l'écrivain, nouvelle immensité ! Voltaire c'est tout un siècle : 1694 à 1778. Bien plus, jusqu'à la date actuelle, il s'est passé près d'un autre siècle encore ; et tout Voltaire n'a pas disparu, avec sa dépouille qu'on a soustraite au Panthéon. Voltaire commença de bonne heure ; ce fut un jeune homme précoce ! Vit-on jamais activité plus prodigieuse, talent d'assimilation plus

_____

(1) Voici les titres des œuvres principales de Voltaire :
OEdipe. — *La Henriade*. — *Hist. de Charles XII*. — *Zaïre*. — *Le Temple du goût*. — *Lettres philosophiques*. — *Alzire*. — *Le Mondain*. — *Philosophie de Newton*. — *Mahomet*. — *Zadig*. — *Nanine*. — *Le Siècle de Louis XIV*. — *La Loi naturelle*. — *Abrégé d'Histoire universelle*. — *Annales de l'Empire*. — *Hist. de la guerre de 1741*. — *La Pucelle d'Orléans*. — *Commentaires sur Corneille*. — *Anecdotes sur Fréron*. — *Bélisaire*. — *Les Guèbres*. — *Hist. du Parlement*. — *L'Encyclopédie et le Dict. phil*. — *Candide*. — *L'Essai sur les mœurs*. — Sans compter masse de pièces de poésie légère, de théâtre, de romans, d'articles de polémique, etc., etc., dont le détail serait trop long..... comme disent les notaires.

remarquable? aptitude plus extraordinaire à embrasser tous les sujets? Voltaire a donné son nom au siècle qu'il a inondé de ses œuvres et empoisonné de son esprit : siècle actif, remuant et gros déjà des tempêtes de la Révolution. Tout le siècle a passé par Voltaire, et Voltaire a laissé une empreinte profonde sur tout ce siècle. Sa correspondance était universelle, comme son génie, comme ses écrits, comme ses affaires, comme ses relations. Il a vu passer trois générations, et pas un homme notoire, durant 75 ans, qui n'ait eu quelques relations avec « le roi Voltaire ». Il a fait de tout, il a vécu partout. Véritable Protée, on le retrouve en tout lieu, dans toutes les attitudes et tenant tous les langages. Il faudrait le suivre à Paris, à La Haye, à Bruxelles, en Angleterre, à Berlin, en Allemagne, en Suisse, à Ferney. En France, on peut à peine compter les résidences où il a laissé des traces sérieuses de son passage : Sully, Vaux-Villars, La Source, Cambrai, Maisons, Rouen, Monjeu, Cirey, Anet, Fontainebleau, Sceaux, Commercy, Luneville, etc., etc.

Il faudrait étudier Voltaire étudiant, Voltaire prisonnier à la Bastille, Voltaire dramaturge, Voltaire diplomate, Voltaire homme d'affaires, Voltaire manufacturier, Voltaire châtelain, Voltaire banni, Voltaire persécuteur, Voltaire Patriarche de Ferney, Voltaire triomphateur à Paris, et Voltaire mourant dans son triomphe, le 30 mai 1778, après avoir dit à Marmontel : « Je suis au supplice, et je me meurs dans des tourments affreux ! »

Comment aborder un pareil sujet? — J'y renonce. Je m'arrête devant la physionomie de Voltaire, sans parti pris; je regarde, comme on regarde sa statue sculptée par Pigalle, au théâtre français, ou son portrait peint de Ferney, dont parle J. de Maistre. Je regarde, et je suis saisi. Je ne sais quelle impression étrange s'empare de moi. Cet homme ne ressemble pas à un autre homme. Au premier abord, j'éprouve une sorte de malaise et de fascination. Puis je cherche à définir mes impressions. J'étudie les linéaments de ce visage; et bientôt quelques traits saillants se détachent, mais tellement caractéristiques, que je ne puis n'empêcher de les noter, comme l'expression réelle et véritable du fond de l'âme de cet homme.

D'abord, je vois le *mensonge*, avec tous ses dérivés : la déloyauté, la duplicité, la ruse, la fourberie et la trahison.

L'*orgueil* et la vanité.

Ensuite, je reconnais la *cupidité* et l'*avarice*, à un haut degré.

Puis, l'*immoralité*, poussée jusqu'au cynisme; luxure virile et luxure sénile.

En même temps la *bassesse*, la *lâcheté*, la *poltronnerie*.

Alors l'*impiété* et le *sacrilége*.

Aussi l'*hypocrisie*.

Le tout aboutissant à l'*égoïsme* le mieux caractérisé.

Les *sept péchés capitaux* sont largement dépassés : il ne manque que la gourmandise et la paresse. Cinq sur sept, ce n'est pas déjà si mal; sans compter les autres.

Mais est-ce possible? — N'est-ce pas là un ensemble de traits hideux, choisis à plaisir, pour faire un monstre moral de fantaisie? N'est-ce pas autant d'épithètes ou d'injures gratuites, inventées par les catholiques à l'adresse de Voltaire leur persécuteur?

Provisoirement, rien n'empêche de les regarder comme autant d'injures gratuites, comme des calomnies, si l'on veut. Il est même bon qu'on réserve son jugement. Notre mission consiste précisément à examiner si ce sont là des injures gratuites, ou si c'est bien le portrait de Voltaire.

Nous ne voulons pas d'accusations vagues, banales ou s'imposant d'autorité. Nous voulons des faits, rien que des faits.

Et si les faits ne prouvent pas, jusqu'à la dernière évidence, que ces traits, ces vices, sont bien ceux du caractère de Voltaire et du type voltairien, à l'exclusion de toute vertu; si la conviction, en d'autres termes, ne résulte pas de l'évidence des faits authentiques, prouvés, admis de tous, des amis comme des adversaires : nous consentons bien volontiers à ce qu'on nous inflige l'épithète flétrissante de calomniateur, et nous l'aurons méritée.

CHAPITRE I.

VOLTAIRE MENTEUR.

Voltaire non-seulement a fait du mensonge l'usage le plus large et le plus varié, mais encore il a érigé ce vice à l'état de système; il en a fourni à ses amis la formule la plus précise. Le mensonge, pour lui, devient un art et une méthode. Les droits de la vérité, de la loyauté, de la bonne foi ne comptent plus pour rien, du moment que l'intérêt, que le vil égoïsme est en cause.

On a beaucoup parlé des mensonges de Voltaire; c'est, de tous ses aspects moraux, celui sur lequel on est, en général, le moins ignorant. Mais bien peu savent jusqu'à quel degré le *Patriarche* a poussé, avec raffinement et audace, le mépris de la vérité. Nous-même, nous avons été tenté de nous inscrire en faux contre le jugement de M. l'abbé Maynard, lorsque, dès la préface de son livre, nous l'avons vu qualifier Voltaire de « *Fils du père du mensonge.* » Nous pensions qu'une indigna- tion bien légitime, mais exagérée, voyait les choses sous un jour forcé. « *Le Mensonge incarné!* » dit ailleurs M. Maynard, et cette forte expression nous a également choqué. *Le mensonge incarné!* Est-ce possible? — Est-il vraisemblable qu'un homme qui a rempli tout un siècle de son nom, qu'on a traité comme un demi-dieu de son vivant, qu'on appelait le *roi Voltaire;* qui a tant de disciples et d'admirateurs, dont M. Thiers faisait l'éloge en termes pompeux au Corps-Législatif, dans la séance du 5 décembre : est-il vraisemblable que cet homme ait eu, pour attribut essentiel, l'un des vices les plus méprisables qui puissent s'attacher à la nature humaine?

Examinons les faits; jugeons et apprécions sans passion; basons notre conviction sur une une évidence matérielle. Alors seulement, en pleine connaissance de cause, nous déciderons si l'épithète de *menteur*, dans toute sa crudité sonore et flétrissante doit s'appliquer à Voltaire.

I.

THÉORIE DU MENSONGE.

Commençons par la théorie du mensonge; l'application viendra ensuite.

Il est une parole de Voltaire qui a passé dans le langage vulgaire; elle circule dans toutes les bouches et sous toutes les plumes, avec diverses variantes. Il s'agit du célèbre : MENTEZ, MES AMIS, MENTEZ! etc.

Le véritable texte est souvent mutilé, et même parfois il se présente falsifié, en ce sens qu'on le confond avec la célèbre phrase de Basile, dans Beaumarchais :

« *Calomniez! Calomniez! il en restera toujours quelque chose.* ».

Il est bon qu'on connaisse le texte authentique et qu'on le vulgarise. Mais pour bien en saisir toute la portée, il faut s'initier aux circonstances dans lesquelles il s'est produit.

C'était en 1735. Voltaire avait écrit pour Mlle Quinault une pièce intitulée l'*Enfant prodigue*. L'auteur attachait beaucoup d'importance à ne pas être connu, convaincu que le succès de la pièce dépendait de l'*incognito*. Or Voltaire tenait beaucoup moins qu'un autre à être sifflé.

Le 16 mars 1736, il écrivait donc à la Quinault :

« *La pièce arrangée et conduite par vos ordres et embellie par votre jeu, aura un succès éclatant, si on ignore que j'en suis l'auteur, et sera sifflée, si l'on s'en doute.* »

Aussi le 3 avril écrit-il encore :

« *Je suis perdu, sifflé, mort, enterré. La Mare sait tout!* »

Et il veut qu'on jette la pièce sur le compte de Gresset. Ce qu'on fit.

Il insiste auprès de la Quinault sur la nécessité du secret :

« NIEZ TOUJOURS FORT ET FERME; *quand tout le parterre crierait que c'est moi, il faut dire qu'il n'en est rien* (1). »

On voit déjà avec quel sans façon Voltaire traitait la vérité. Et puis, comment qualifier ce procédé qui consiste à rejeter une pièce sifflée sur un autre, sur un ennemi ou sur un adversaire littéraire? — Un peu de patience, nous en verrons bien d'autres.

Le jour même de la représentation, 10 octobre, il redouble ses dénégations, dans les termes les plus expressifs; il a soin d'écrire dans le même sens aux compères et amis. Et c'est ici que nous trouvons, dans toute sa franchise brutale, la théorie du mensonge (2).

Le 18 et 21 octobre 1736, il écrit à Berger et à Thieriot, ses deux intimes :

« *Mentir pour son ami est le premier devoir de l'amitié.*

» *Le mensonge n'est un vice que quand il fait du mal; c'est une très-grande vertu quand il fait du bien. Soyez donc plus vertueux que jamais.* IL FAUT MENTIR COMME UN DIABLE, NON PAS TIMIDEMENT, NON PAS POUR UN TEMPS, MAIS HARDIMENT ET TOUJOURS...... MENTEZ, MES AMIS, MENTEZ, *je vous le rendrai dans l'occasion.* »

(1) Corresp. avec Mlle Quinault. Renouard, Paris, 1822.
(2) L'abbé MAYNARD, *Vie de Voltaire*, p. 256.

Voilà le texte authentique, irrécusable; il fait partie du dossier de Voltaire. Pour le détruire, les apologistes devraient nier toute la correspondance du *philosophe*.

Ce texte, tous devraient le savoir par cœur, pour l'opposer à toute heure à ceux qui se font gloire d'être *voltairiens*, à ceux surtout qui se vantent de marcher sur les traces du Patriarche et de mettre en pratique ses maximes et ses préceptes.

Mais, dira-t-on, ce texte, il faut bien l'accepter, puisqu'il est authentique; cependant a-t-on bien le droit de le prendre au pied de la lettre? C'est une plaisanterie! Voltaire avait tant d'esprit! l'hyperbole est une figure de rhétorique, dont on ne doit pas lui refuser, à lui seul, le bénéfice.

D'autres diront : admettons que le passage doive être pris dans son sens littéral ; qu'est-ce qu'il prouve? — Il prouve que Voltaire, ce jour-là, s'est oublié; qu'il a menti, *menti comme un diable*, si vous voulez; qu'il s'est excusé de son mensonge, en faisant l'apologie du mensonge. Mais de là à conclure qu'il fût coutumier du fait; de là à lui appliquer l'épithète de *menteur,* qui indique une habitude invétérée : la distance est grande. On ne peut pas conclure du fait particulier à la loi générale. Ce procédé n'est pas scientifique.

D'accord, parfaitement d'accord. Aussi n'avons-nous garde de conclure. Nous donnons ce texte pour ce qu'il vaut ; nous le reproduisons dans sa valeur intrinsèque ; nous n'apprécions pas; nous ne commentons pas. Seulement, nous nous demandons si l'ensemble des faits de la vie de Voltaire répond à cette monstrueuse théorie; si nous en trouvons la justification à toute heure, en toute circonstance ; si le « *mentez, mes amis, mentez* » est un cas isolé, ou bien la révélation d'un état pervers de l'âme. Ici les faits répondent pour nous ; ils tiennent lieu de toute induction ; ils parleront assez d'eux-mêmes.

Il suffira d'en citer quelques-uns ; nous n'avons que l'embarras du choix. Arrêtons-nous de préférence aux plus courts, afin de gagner du temps.

II.

PIÈCES JUSTIFICATIVES.

En 1738, Voltaire avait publié trois *Épîtres sur le Bonheur*, qui prirent plus tard, avec quatre autres poèmes sur le même sujet, le titre général de *Discours sur l'Homme*. L'une de ces épîtres traitait plus spécialement de la *Liberté*.

Voltaire a jugé lui-même cette œuvre en disant : « *C'est un carême prêché par le P. Voltaire.* »

Comme l'observe M. l'abbé Maynard, l'appréciation est des plus justes : ces discours sont pleins de la personne et de la morale voltairiennes ; c'est-à-dire que cette morale, inférieure à celle du paganisme, réduit le bonheur au plaisir.

Voltaire trouva bientôt nécessaire de nier la paternité de son *Carême*, et le 22 mars 1738, il écrivit dans une lettre à Thieriot :

« *Envoyez-moi donc ces épîtres qu'on m'attribue. Qu'est-ce que cette drogue sur le* Bonheur ?

» *Ces épîtres* NE SONT PAS DE MOI, *et vous me feriez une vraie peine si vous ne faisiez pas tous vos efforts pour désabuser le public.... Je suis fâché qu'on m'attribue des épîtres sur la* Liberté. »

Le mensonge se présente souvent chez Voltaire sous la forme du désaveu. A-t-il fait un livre aux principes pervers, comme les *Lettres philosophiques ;* a-t-il commis un libelle infâme, comme la *Pucelle ;* s'est-il livré à d'odieuses personnalités, comme dans le *Préservatif* ou dans les *Anecdotes* sur Fréron ; craint-il la vindicte des lois ou seulement la réprobation de l'opinion publique : vite, un désaveu dans tous les journaux, dans toutes les revues, sous toutes les formes. Même, à l'occasion, il

2

fait d'une pierre deux coups; non content de désavouer le factum pour son propre compte, il s'efforce d'en rejeter la responsabilité et l'odieux sur quelque autre, de préférence sur un adversaire littéraire : sur des Fontaines, sur Fréron, sur La Harpe. Est-ce que la fin ne justifie pas les moyens? .

Il y a cinquante exemples de désaveux dans la vie si longue et si occupée de Voltaire. Car, s'il avait presque tous les vices, il ne connaissait guère la paresse. Mais comment résumer tous les traits? Il faudrait refaire la vie de Voltaire, et tel n'est ni notre cadre, ni notre but; choisissons.

« *Je serais bien fâché*, écrit-il en 1748, *de passer pour l'auteur de* Zadig (1). »

« *J'ai lu enfin* CANDIDE, écrit-il en 1758. *Il faut avoir perdu le sens pour m'attribuer* cette cochonnerie; *j'ai, Dieu merci, d'autres occupations* (2). »

En 1763, cela devient plus sérieux. Afin de prouver qu'il n'est pas l'auteur de l'*Essai sur les mœurs*, il menace de demander la saisie de l'édition. « *Je suis outré*, écrit-il à d'Argental. *J'ai recours à vous. Je ne veux point être brûlé en mon propre et privé nom..... SI LES LIBRAIRES N'OTENT PAS MON NOM et s'ils n'insèrent pas dans l'ouvrage les cartons nécessaires, je demanderai net la saisie des exemplaires fataux ou fatals* (3).

En 1764, il traite Jean-Jacques Rousseau de *délateur infâme*, pour avoir dit qu'il était l'auteur du *Sermon des Cinquante* (4); mais une *Collection complète des OEuvres de V.* le fit sortir des gonds. « *Ce V.*, écrit-il, *ne s'accommoderait pas du tout de cette sottise.... J'en écrirai, moi, à M. de Sartines avec une violente*

(1) Lettre à d'Argental, 10 octobre 1748.
(2) Lettre à Vernes, 27 septembre 1758.
(3) Lettre à d'Argental, 9 février 1763.
(4) Lettre à d'Argental, 10 janvier 1764.

véhémence, et je me vengerai de cet horrible attentat d'une façon exemplaire. » (1)

Enfin, il en arriva à cette théorie : « **Saül** et **David** *se débitent sous mon nom. Je regarde ces supercheries des libraires comme des* CRIMES DE FAUX. *On est aussi coupable de mettre sur le compte d'un auteur un ouvrage dangereux, que de contrefaire son écriture....* CES ODIEUSES IMPUTATIONS *peuvent empoisonner le reste de ma vie.* JE VEUX BIEN ÊTRE CONFESSEUR, MAIS JE NE VEUX PAS ÊTRE MARTYR (2). »

De tous les ouvrages de Voltaire, celui qui lui donna le plus violent chagrin, et qu'il désavoua avec le plus d'acharnement, ce fut *la Pucelle.*

La Pucelle était un ouvrage de la jeunesse de Voltaire. Deux personnes seulement en avaient une copie, le roi de Prusse et Mme du Châtelet. Voltaire ne se dissimulait pas l'horrible clameur que soulèverait ce poème infâme, dans lequel, suivant une parole de Victor Hugo, sont également outragées la pudeur et la patrie. Il se contentait donc de le lire et d'en rire à huis-clos. En 1735, il était alors à Cirey ; la peur le prend.

« *Cirey, 8 décembre,* **A 4 heures du matin.** *La date vous fera voir que je n'ai pas le temps de vous écrire une longue épître. On vient de m'avertir que plusieurs chants de la Pucelle courent Paris.... Voyez, informez-vous. Que votre amitié se trémousse un peu. Il est d'une conséquence extrême que je sois averti. Il faudra enfin que j'aille mourir dans les pays étrangers* (3). »

Le garde des sceaux, M. de Chauvelin, le fait menacer de le jeter dans un cul de basse-fosse, si *la Pucelle* est imprimée ; il n'y tient pas, et vole à Paris pour se justifier ; ce n'était qu'un faux bruit. Personne n'avait le manuscrit de *la*

(1) Lettre à Damilaville, 18 avril 1764, et à d'Argental, même date.
(2) Lettre à Damilaville, 21 juillet 1764.
(3) Lettre à Thieriot, 8 décembre 1735.

Pucelle; mais ce n'était que partie remise. L'orage creva en 1754. (1).

« *On me mande,* écrit-il, *qu'on imprime* la Pucelle, *que Thieriot en a vu des feuilles, et qu'elle va paraître…. Ce qu'il y a d'affreux, c'est qu'on dit que* le Chant de l'âne *s'imprime tel que vous l'avez vu d'abord, et non tel que je l'ai corrigé depuis…. Ayez la bonté de ne pas me laisser attendre un coup, après lequel il n'y aurait plus de ressources.* » (2)

Dès ce moment, Voltaire est en proie à la plus horrible inquiétude. Le fait de l'impression était exact; c'était le manuscrit de Mme du Châtelet, passé, depuis sa mort, aux mains de Melle Dutbil. « *L'impression de cette maudite* Pucelle *me* » *fait frémir,* écrit Voltaire, *et je suis continuellement entre la* » *crainte et la douleur* (3). »

Deux mois plus tard tout est consommé! « *On me mande,* écrit-il, *que* la Pucelle *est imprimée, qu'on la vend un louis à Paris. C'est apparemment Mandrin qui l'a fait imprimer. Cela me fait mourir de douleur* (4). »

Réduit à prendre un parti, Voltaire n'hésita pas longtemps. Avec ses amis, qui connaissaient parfaitement *la Pucelle,* il déclara qu'on l'avait falsifiée; avec ceux qui ne la connaissaient pas, il déclara, avec des imprécations, que cet ouvrage n'était pas de lui.

« *Vous m'avez parlé,* écrit-il à Thieriot, *de cet ancien poëme, fait il y a vingt-cinq ans, dont il court des lambeaux très-informes et très-falsifiés. C'est ma destinée d'être défiguré en vers et en prose.* » (5)

Avec d'Argental, il est plus libre, et il dit toute sa douleur, en le mettant dans le secret de la comédie sur la falsification :

(1) *Voltaire jugé par lui même,* par M. GRANIER DE CASSAGNAC. Voir *journal de Bruxelles,* du 20 décembre 1850.

(2) Lettre à d'Argental, 7 novembre 1754.

(3) Lettre d'Argental, 20 novembre 1754.

(4) Lettre à d'Argental, 23 janvier 1755.

(5) Lettre à Thieriot, 9 mai 1755.

« *L'ouvrage*, lui écrit-il, *tel que je l'ai fait il y plus de vingt ans, est aujourd'hui un contraste bien désagréable avec mon état et mon âge; et, tel qu'il court le monde,* IL EST HORRIBLE A TOUT AGE (1). *Les lambeaux qu'on m'a envoyés sont pleins de sottises et d'impudences;* IL Y A DE QUOI FAIRE FRÉMIR LE BON GOUT ET L'HONNÊTETÉ. C'EST LE COMBLE DE L'OPPROBRE DE VOIR MON NOM A LA TÊTE D'UN TEL OUVRAGE. Mme *Denis écrit à M. d'Argenson, et le supplie de se servir de son autorité pour empêcher l'impression* DE CE SCANDALE. *Ne dois-je pas faire tout au monde pour prouver combien cet ouvrage est falsifié, et pour détruire les soupçons qu'on pourrait former un jour que j'ai eu part à la publication?* (2) »

Pour ceux qu'il pouvait tromper impunément, Voltaire désavouait *la Pucelle*. avec une indignation admirablement jouée (3) :

« *Je n'ai jamais rien vu,* écrit-il à M. de Brenles, DE PLUS PLAT ET DE PLUS HORRIBLE. CELA EST FAIT PAR LE LAQUAIS D'UN ATHÉE. *Mon indignation ne m'a pas permis de différer un moment à envoyer la feuille au magistrat de Genève. On a mis sur le champ Grasset en prison.* »

Ici nous arrivons à l'épisode le plus piquant et le plus instructif de l'histoire de *la Pucelle*. Voltaire était en Suisse en 1755. Mais les mœurs calvinistes protestaient avec indignation et dégoût, contre les saletés clandestines qui circulaient partout, et dont tout le monde désignait du doigt l'auteur. Voltaire avait bien essayé de détourner les soupçons, en soudoyant à Paris des copistes, auxquels il fournissait des passages plus infâmes les uns que les autres, — avec ordre d'insérer dans telle copie telle variante, dans telle autre, telle autre encore plus dégoûtante que la précédente. Qui pouvait supposer que des textes

---

(1) N'oublions pas que nous avons affaire à l'homme qui, vieillard, le 1er mars 1769, écrivait qu'à proportion qu'on avance en âge, le temps ne saurait être mieux employé qu'à faire des *polissonneries*.

(2) Lettre à d'Argental, 24 mai 1755.

(3) *Voltaire jugé par lui-même*, par M. GRANIER DE CASSAGNAC.

si divers fussent du même auteur ? Voltaire se frottait les mains d'aise, à la vue d'une si belle invention. Mais ce maudit public n'en démordait pas, et il était sérieusement question, dans le *Magnifique Conseil* de Genève, d'intenter des poursuites à l'auteur.

Celui-ci eut alors une invention nouvelle et qui laissait de loin derrière elle toutes les précédentes. Pour mieux donner le change, il imagina de dénoncer lui-même *la Pucelle* aux magistrats de Genève, et de la caractériser de telle façon que, bon gré, mal gré, on dût bien croire à son innocence.

Le 2 août 1755, il écrivit donc au syndic de Genève :

« *Je fus saisi d'horreur à la vue de cette feuille qui insulte avec autant d'insolence que de platitude à* TOUT CE QU'IL Y A DE PLUS SACRÉ, — *ni moi, ni personne de ma maison ne transcririons jamais des* CHOSES SI INFAMES; *et si l'un de mes laquais en copiait une ligne, je le chasserais sur-le-champ..... Ni vous, monsieur, ni le Magnifique Conseil, ni aucun membre de cette République, ne permettra des* OUTRAGES ET DES CALOMNIES SI HORRIBLES, *et en quelque lieu que soit* Grasset (l'éditeur) *j'informerai les magistrats de son entreprise,* QUI OUTRAGE ÉGALEMENT LA RELIGION ET LE REPOS DES HOMMES. »

Voila bien *Voltaire peint par lui-même.* Lui que M. Thiers appelle « LE BON SENS *s'exprimant dans la langue la plus pure,* » il convient qu'il a *insulté à tout ce qu'il y a de plus sacré* ; il qualifie son écrit de *chose* INFAME : le mot est de lui ; *d'outrages* et de *calomnies horribles* etc., etc. Plus haut, il a dit de *la Pucelle*, toujours pour échapper aux poursuites, qu'on croirait cet ouvrage « *fait par le laquais d'un athée !..* » (1)

C'est raide ! comme on dit dans le nouvel argot parisien. Mais, puisque Voltaire est le « *bon sens s'exprimant dans la langue la*

----

(1) Il **est** important qu'on sache que Voltaire a publié lui-même, avec son nom, l'édition officielle de *la Pucelle,* en 1762.

plus pure,» et qu'ici, par hasard, il ne ment pas, nous le pren-
drons au mot. (1)

Autre exemple de désaveu.

Voltaire avait écrit en 1760 les *Anecdotes sur Fréron*, un
libelle diffamatoire et bien digne de la plume qui a rimé *la
Pucelle*. Comme l'opinion publique indignée les attribuait à Voltaire, le véritable auteur, celui-ci les mit d'abord lâchement sur
le compte de La Harpe. Mais bientôt il fut contraint de déclarer
qu'elles n'étaient pas de La Harpe, auquel même il écrit le
8 avril 1777 : « *Il n'y a personne, dans la littérature*, d'ASSEZ
VIL ET D'ASSEZ INSENSÉ *pour vous attribuer jamais ces* ANECDOTES
sur feu Zoïle Fréron. »

Et pourtant lui, Voltaire, il avait été assez vil et assez
insensé pour le faire.

Ce n'est pas tout. Comme il fallait échapper à tout prix à
cette honteuse paternité, continuant à désavouer, mentant plus
audacieusement, plus que jamais « comme un vrai diable »,
Voltaire écrivait entre autres, le 8 avril 1777 à Dalembert :

« *Les* ANECDOTES *sont* QUELQUE CHOSE DE SI BAS, DE SI
MISÉRABLE, DE SI CRASSEUX; *c'est un* RAMASSIS SI DÉGOUTANT
*d'aventures de halles et de sacristies, qu'il n'y a qu'un porte-
Dieu ou un crocheteur qui ait pu écrire une pareille histoire.* »

Et c'est lui qui les avait écrites ! — Voilà bien encore *Voltaire
peint par lui-même*, et qui plus est, Voltaire menteur, surpris
en flagrant délit, la main dans le sac.

Celui de ses désaveux qui nous a le plus frappé, se produisit

(1) Nous ferons observer, en passant, que c'est lui-même qui se taxe d'*infâme*; si
donc un vengeur de la morale et de la vérité, évêque ou autre, vient le taxer d'*infâmie*, les apologistes du *Patriarche* voudront bien ne pas se donner du trop grands
airs d'indignation.

Mais nous oublions que le mot *infâme*, à l'adresse de Voltaire, date de Frédéric-le-grand, roi de Prusse. Nous verrons ultérieurement à quelle occasion.

à l'occasion de l'*Encyclopédie*. Là encore Voltaire eut peur. Il était à Ferney, et il désirait rentrer à Paris. Comme le plus grand obstacle résidait dans ses écrits et dans ses attaques incessantes contre la religion, afin de se mettre bien en cour, il pratiquait, avec toute l'ostentation possible, ses communions sacrilèges ; en même temps, il tenait à ne pas assumer la responsabilité de tant d'articles anti-catholiques, insérés dans l'*Encyclopédie*. Aussi écrivait-il à Dalembert, le 19 septembre 1764 :

« *Dès qu'il y aura le moindre danger, je vous demande en grâce de m'avertir* AFIN QUE JE DÉSAVOUE L'OUVRAGE DANS TOUS LES PAPIERS PUBLICS, AVEC MA CANDEUR ET MON INNOCENCE ORDINAIRES...

Et cependant Voltaire écrivait lui-même de l'*Encyclopédie* :

« *C'est un ouvrage très-édifiant et qui sera très-utile aux âmes bien nées.* » (1)

III.

VARIÉTÉS DU MENSONGE.

Voltaire, dans son application de la théorie du mensonge, distinguait entre *mentir lâchement* et *mentir inutilement*. *Mentir lâchement*, il n'y regardait guère, mais *mentir inutilement*, c'était contraire à son système. Il trace cette distinction à propos du *Préservatif* qu'il avait écrit contre Des Fontaines.

(1) Ici un petit dilemme.

Ou bien l'ouvrage était « *très-édifiant et très-utile aux âmes bien nées,* » et dès lors Voltaire, le *Confesseur*, se conduisait bien lâchement, en le désavouant, par crainte des poursuites.

Ou bien l'ouvrage est mauvais, et dès lors, Voltaire commettait une lâcheté plus grande encore, en l'éditant *incognito*, — sachant le mal qu'il faisait.

Il y aurait bien des choses à dire, sur le courage de Voltaire, lui qui déclarai « qu'il voulait bien être *confesseur*, mais pas *martyr*. »

Il avait désavoué déjà vingt fois ce libelle, qui avait failli le faire enfermer à la Bastille. Il en était résulté, avec son adversaire, une querelle des plus envenimées. Procès, enquêtes, essais de conciliation, etc., etc. Voltaire invoqua contre Des Fontaines, d'autorité, le *bras séculier*. Noble exemple de tolérance! Mais comme le bon droit était trop ouvertement du côté de Des Fontaines, pas moyen d'en être quitte à si bon marché. Ses amis lui proposent une transaction. Voltaire désavouera le *Préservatif*, et Des Fontaines désavouera la *Voltairomanie*. Ce jour-là, Voltaire, qui se croyait sûr du succès, refuse la transaction, et c'est alors qu'il établit sa distinction, dans une lettre écrite à d'Argental le 2 avril 1739. — Et dans la même lettre, il niait le *Préservatif!*

Comprenne qui pourra.

Notre conviction commence à se former. La théorie du mensonge se confirme; nous la retrouvons partout. Pour qui a étudié la vie de Voltaire, les mensonges s'y trouvent répandus, plus drus que l'ivraie que l'ennemi vient semer la nuit dans le champ du voisin. Mensonge sous toutes ses formes, dans toutes ses variétés; mensonge dans sa souche principale, et dans tous les rameaux dérivés. Mais nous rencontrons surtout le mensonge par égoïsme, le mensonge par orgueil, le mensonge par intérêt. On parle de *pieux mensonges*; rien de pareil ici : c'est le mensonge brutal, grossier, méchant, corrupteur, falsificateur, faussaire.

Dire le pour et le contre sur le même objet, sur les mêmes principes, sur le même homme, souvent dans deux lettres écrites le même jour, est-ce mentir?

La palinodie, n'est-ce pas une variété du mensonge?

Désavouer, par lâcheté, la plupart de ses écrits, est-ce mentir?

Attribuer à des adversaires ses propres méfaits, ses propres crimes littéraires, est-ce mentir?

Fausser l'histoire, dans un but de propagande impie, est-ce mentir?

Or, Voltaire a fait tout cela, il l'a fait sans interruption, pendant une vie de plus de quatre-vingts ans; si bien que c'est un véritable hasard quand il dit la vérité. S'il ne ment pas, c'est qu'il n'a absolument aucune espèce de profit à le faire.

Et l'hypocrisie, qui est un des traits les plus saillants de la physionomie voltairienne, n'est-ce pas encore le mensonge, sous son aspect le plus hideux, le plus méprisable?

L'hypocrisie, c'est un double mensonge, en ce qu'elle dissimule les vices qu'on a; en ce qu'elle affecte les vertus qu'on n'a pas.

Mais comment qualifier cet homme qui n'ose signer ce qu'il écrit, qui recule tous les jours devant la responsabilité de ses œuvres, qui rougit des monstrueux produits de son génie corrompu; qui va jusqu'à attribuer à d'autres, pour leur nuire, ses écrits les plus malfaisants?

Nous ne qualifierons pas nous-mêmes. Nous préférons ici laisser la parole à celui qui est « *le bon sens français s'exprimant dans la langue la plus pure.* »

De Voltaire est le jugement suivant :

« *Je trouve qu'il est mal à de certaines gens de publier des ouvrages auxquels ils seraient fâchés de mettre leur nom au bas;* JE SERAIS HONTEUX A L'EXCÈS, *toutes les fois qu'il faudrait nier un ouvrage dont je serais l'auteur; j'aimerais mille fois mieux l'avouer, tout méchant qu'il est, que d'être exposé à mentir trente fois par jour* » (1.)

Si le jugement est sévère, du moins, n'accusera-t-on pas le juge de nourrir des préventions contre l'accusé, puisqu'il est en même temps juge et partie.

Comme il parle en connaissance de cause! Comme on s'aper-

(1) A Thieriot. Et c'est le même Voltaire qui écrivait le 21 juin 1751, à d'Argental : « *Je n'ai jamais mis mon nom à rien, parce mettre son nom à la tête d'un ouvrage est ridicule.* »

çoit qu'il était parfaitement renseigné sur les conséquences de ses désaveux. « *Mentir trente fois par jour !* » Le mensonge appelle le mensonge, comme l'abîme appelle l'abîme.

Voltaire savait si bien le mal qu'il faisait, il se rendait si bien compte de la bassesse de ses procédés, qu'il avait une peur extrême que ses lettres intimes ne tombassent dans le domaine public. C'est ainsi qu'il écrit à son agent d'affaires, Moussinot :

« *Brûlez, brûlez ces paperasses, on m'y verrait trop en laid.* »

Heureusement que la plupart de ses correspondants n'ont tenu aucun compte d'un pareil avis ; sinon, nous n'aurions jamais connu le vrai Voltaire. Aujourd'hui, grâce à sa correspondance intime, si nous le voyons « *trop en laid* », c'est-à-dire tel qu'il est, à qui la faute ?

Il nous semble qu'il y a quelque chose de providentiel dans la conservation de cette étonnante correspondance.

IV.

AUTRES APPLICATIONS DE LA THÉORIE.

Nous n'avons cité que quelques traits. Nous pourrions les multiplier ; mais il faut se borner. Ceux-ci sont suffisants, pour justifier, nous semble-t-il, un jugement qui n'est pas de nous, mais de Des Fontaines :

« *Le sieur Voltaire est le plus hardi et le plus insensé des menteurs.* » (1)

(1) L'école voltairienne du mensonge s'est perpétuée jusqu'à nos jours. Il suffit, pour s'en convaincre, de lire les journaux libérâtres. Quelle audace, quelle opiniâtreté dans le mensonge ! quelle souplesse, quelle versatilité dans les procédés ! Mentir comme le diable, hardiment et toujours : telle est leur pratique habituelle. Nous avons sous les yeux, entre mille faits, un incident trop récent et trop concluant, pour que nous ne le plaçions pas ici.

En novembre dernier, le journal la *Libre-Pensée* de Bruxelles, ouvrait une liste

Il faudrait, pour être édifié complétement, au lieu de traits partiels et isolés, suivre toute une période de la vie de Voltaire, avec les circonstances, les détails qui se groupent autour d'un épisode et qui en sont le commentaire naturel et logique. La conviction alors résulte de l'ensemble d'une situation, non moins que des aveux les plus précis d'une *correspondance* ou d'un *mémoire* intime. Si notre cadre nous le permettait, nous reproduirions ici quelques unes des époques principales de la vie de Voltaire; cela nous procurerait le grand avantage de rencontrer, sous un même plan, la plupart des traits les plus saillants de la physionomie voltairienne, tandis qu'ici nous nous voyons forcé de les isoler, afin de mieux les analyser à fond, en les étudiant séparément.

Le lecteur qui désirera en savoir plus long, pourra recourir au savant livre de M. l'abbé Maynard. Nous nous contenterons ici d'indiquer les passages qu'on ne peut presque pas omettre, si on veut se faire une idée un peu complète de l'intensité que la plaie du mensonge avait prise chez le coryphée de l'impiété au XVIIIe siècle.

Il faut lire toute l'histoire de l'impression clandestine des *Lettres philosophiques*, qui furent brûlées publiquement, le 10 juin 1734, en vertu d'un arrêt du Parlement : « *Comme*

---

de souscription en faveur des garibaldiens. Histoire de singer les catholiques, s'imposant des sacrifices en faveur du Pape et de ses soldats. La *Libre-Pensée* bat la grosse caisse, et afin de stimuler le zèle des amis, elle n'a pas peur d'imprimer et de publier ceci :

« Vous n'ignorez pas à la suite de quelle coalition des soldats de la France et
» des *mercenaires* du Pape, les patriotes italiens, *assaillis au moment même où*
» *ils se préparaient à la retraite,* furent écrasés *par des forces trop supérieures,*
» et *massacrés sans merci,* après un combat acharné, auquel la disproportion du
» nombre et l'inégalité des armes *donnent moins le caractère d'une lutte guer-*
» *rière que celui d'une boucherie !* »

Nous n'essayerons pas de réfuter. Comptez les mensonges, si vous pouvez. C'est bien là le procédé voltairien. Il va jusqu'à nier des faits patents, l'évidence, en face du soleil, en face de gens qui, par milliers, sont là pour répondre avec conviction, en pleine connaissance de cause. « Mais nous étions là, et vous en avez menti ! »

scandaleuses, contraires à la religion, aux bonnes mœurs et au respect dû aux puissances. »

Tout ce qu'on y trouvera de duplicité, de roueries et de lâcheté est incroyable. Le pauvre imprimeur Jore, de Rouen, trompé par Voltaire, fut ensuite sacrifié par lui, dans les circonstances les plus indignes.

Il faut étudier également à fond la querelle avec Des Fontaines, à propos du célèbre *Préservatif* et de la *Voltairomanie*. Tout Voltaire est peint dans les différents actes de cette pièce, dont le dénouement ne tourne certes pas à son honneur, comme du reste il arrive pour presque toutes les pièces où il a joué un rôle.

Il y a, lors du séjour en Prusse, toute l'affaire plus que véreuse avec le juif Hirschel. L'escroquerie s'y mêle à la rouerie du mensonge. Nous y reviendrons, à propos de *Voltaire avare*. C'est très-instructif. Frédéric de Prusse fut tellement révolté de la conduite de son hôte, qu'il écrivait à sa sœur Wilhelmine, la Margrave de Baireuth, le 2 février 1751 : « *L'affaire de Voltaire n'est pas encore finie. Je crois qu'il s'en tirera par une gambade. Il n'en aura pas moins d'esprit, mais son caractère sera plus méprisé que jamais.* »

Or, à cette époque, Voltaire était encore l'ami intime, l'Apollon de Frédéric. La disgrâce ne commença que plus tard.

Il y a l'affaire du *Docteur Akakia*, contre Maupertuis. Là, Voltaire, comme un coupable en cour d'assises, après s'être retranché dans un système de dénégation absolue, après avoir pris le ciel et la terre à témoin de son innocence, convaincu par l'évidence, fut contraint de tout avouer en présence de Frédéric qui, dans son indignation, faillit le chasser ce jour-là de Berlin.

On ne connaîtra bien Voltaire menteur que si on l'étudie dans son rôle de diplomate. S'il est vrai que la parole a été donnée à certaines gens pour dissimuler leur pensée, Voltaire peut être cité comme le type du genre. C'est surtout pendant la Guerre de Sept-Ans qu'il faut le voir à l'œuvre. Il souffle le chaud et le froid; il est tantôt avec la France, tantôt avec la Prusse, tantôt avec l'Autriche, selon que ses intérêts *personnels* l'exigent. Rien d'étrange comme sa versatilité et ses palinodies. Il épie les événements, pour se ranger bien vite du côté du plus fort. Mais les destins et les flots sont changeants. On a beau être diplomate achevé, on n'est pas pour cela prophète. Le vaincu de la veille est souvent le vainqueur du lendemain. Que faire alors? — *Mentir, mentir comme un diable, non pas timidement, non pas pour un temps, mais hardiment et toujours...* — Ainsi fait Voltaire. Et il est tellement habile, tellement actif, tellement souple, qu'à l'aide de ses métamorphoses et de ses désaveux, il échappe presque toujours. Mais en somme « *son caractère en reste plus méprisé que jamais* », au jugement de Frédéric lui-même. Si bien que Voltaire finit par être banni de partout; car, à mesure qu'on apprend à le connaître dans une résidence temporaire nouvelle, on en a bien vite assez du personnage. Il ne fait nulle part long séjour. Le Juif-Errant n'a pas eu plus de résidences que lui.

Les démêlés de Voltaire avec le président de Brosses, pour l'acquisition de la terre de Tourney, fourniront aux juristes une étude des plus intéressantes. Là Voltaire eut affaire à plus fort que lui. Mais de Brosses ne s'en tira pas sans peines. M. Sainte-Beuve résume cette affaire en deux mots bien significatifs :

« Sa mémoire (à de Brosses) à l'heure qu'il est, resterait entachée de ces odieuses imputations de dol, insinuées avec tant d'impudeur par Voltaire, si la correspondance, mise au jour; ne montrait nettement de quel côté est l'honnête homme, de quel côté le *calomniateur* et le *menteur*.

CONCLUSION.

M. Sainte-Beuve ne saurait être suspect de nourrir des sentiments d'hostilité contre le « Grand homme. » Non seulement le docte académicien a inventé dernièrement « *une morale et une justice à base nouvelle* »; non seulement il affirme doctrinalement « *qu'il n'y a plus moyen de croire aux vieilles histoires et aux vieilles bibles* »; mais encore il n'a pas hésité à se laisser inscrire au nombre des membres de la commission voltairienne du *Siècle*. Ceci vaut bien un programme et une profession de foi. Or, en ce qui concerne les mensonges de Voltaire, voici le jugement que portait M. Sainte-Beuve, dans sa *Causerie du lundi* 8 novembre 1852.

« Il faut voir Voltaire sous bien des jours; ce monarque absolu et capricieux, *qui était sans foi ni loi* du moment qu'on le contrariait.

» La vie de Voltaire est *une comédie*.

» *Toute la correspondance* (de Voltaire avec d'Alembert), *est laide;* elle sent la secte et le complot, la confrérie et la société secrète; de quelque point de vue qu'on l'envisage, elle ne fait point honneur à *des hommes qui érigent le mensonge en principe*, et qui partent du *mépris de leurs semblables*, comme de la première condition pour les éclairer.

» *Il dénaturait les faits, il les falsifiait à son gré et mentait hardiment*, selon la faculté détestable qu'il en avait contractée. »

Nous n'avons pas dit autre chose; nous n'avons jamais soutenu que cela; ou plutôt, nous avons mieux fait que de le soutenir, nous l'avons prouvé, mathématiquement, scientifiquement.

Et s'il manquait encore une preuve décisive, après tant d'autres, la voici; c'est encore une fois Voltaire qui nous la fournira.

Ailleurs, nous l'avons vu écrivant à Moussinot : « *Brûlez, brûlez ces paperasses.....* » Il avait d'excellentes raisons pour parler de la sorte. Ici, nous le voyons dans une expansion d'intimité plus grande encore, parlant des « *adeptes* » et pour les « *adeptes.* »

Le 15 mai 1764, il écrivait à Damilaville·:

« *Que nos lettres, mon cher frère, ne soient que pour nous et pour nos adeptes.* »

Et le 26 décembre 1768, à Saurin :

« *Tout ce que peuvent faire les adeptes, c'est de s'aider un peu les uns les autres, de peur d'être sciés* (comme Jérémie). *Et si un monstre vient vous demander : « Votre ami l'adepte a-t-il » fait cela? »* — « IL FAUT MENTIR A CE MONSTRE. »

A ce trait reconnaissez la main du maître, la griffe du lion.

Donc, pour conclure, nous retrouvons l'application littérale de la théorie de Voltaire sur le mensonge dans toutes ses affaires, dans toutes ses négociations, dans toutes les phases de sa vie qui fut longue, beaucoup trop longue. Oui, le conseil adressé à Berger et à Thieriot, les 18 et 20 octobre 1736, ce n'est pas un fait accidentel, moins encore un trait d'esprit ou une plaisanterie. « MENTEZ, MES AMIS, MENTEZ !... c'est un drapeau, c'est une situation générale, c'est la révélation d'un système odieux, pratiqué sur une large échelle, pendant une vie de quatre-vingt-quatre ans.

Le jugement de M. l'abbé Maynard, pour qui connaît l'homme à fond, n'est plus trop fort; ce jugement, c'est celui de M. Sainte-Beuve ; il est donc complètement et littéralement justifié: Voltaire, c'est « *le mensonge incarné.* »

CHAPITRE II.

VOLTAIRE AVARE.

La cupidité et l'avarice, ailleurs si odieuses et si méprisables, nous paraissent des vices bien anodins, dans le caractère de Voltaire, à côté du mensonge systématique, de l'immoralité cynique, de l'impiété hypocrite et sacrilége. L'avarice, en présence de ces vices affreux, n'est guère qu'un travers, une manie inexplicable, mais poussée jusqu'aux dernières limites de la ladrerie sordide, chez le demi-dieu de MM. Havin et consorts.

Il est bon qu'on sache jusqu'à quel point le *philosophe*, le *sage*, le *bienfaiteur de l'humanité* savait cumuler et lésiner. Il est bon qu'on sache que cet homme qui, pour mieux exciter la compassion des grands, et pour faire grossir ses rentes et ses pensions, se plaint toute sa vie d'être « *malade et ruiné*, » meurt après une vie de 84 ans, avec un revenu de 200,000 liv., — ce qui représente de nos jours plus d'un demi-million.

Il est utile de constater comment il savait capitaliser; comment il s'y prit pour faire et pour conserver sa fortune, en dépit de la ruine dont il gémit dans toutes ses correspondances.

O le pauvre homme! — Mais il ne faut pas trop lui en vouloir. S'il n'avait jamais commis d'autre méfait que celui de capitaliser, bien des maux, bien des larmes, bien du sang étaient

3

épargnés à son siècle et à la génération qui suivit ; bien des âmes n'eussent point été perdues.

Nous traiterons tout au long de Voltaire avare, ne fut-ce que parce qu'il est sérieusement question, dans certaines régions, de lui ériger une statue. Dans ses autres vices, Voltaire est hideux, repoussant, monstrueux, infâme ; dans celui-ci, il devient surtout ridicule. Or, dans le siècle (1) où nous sommes, comment songer à hisser sur un piédestal une figure ridicule ? Passe pour une figure infâme : cela s'est vu. Priape avait ses adorateurs et ses symboles. Mais ridicule ; impossible ! L'avarice de Voltaire est donc précieuse à mettre en relief. Mais il est bien convenu que c'est par surcroit, que nous daignons la relever.

Le mensonge, pourquoi est-il si odieux ? Parce qu'il est la révélation d'un état pervers général de l'âme. Le mensonge ne vient pas tout seul ; l'homme ne nait pas menteur ; il le devient. Le mensonge, c'est le résultat, le fruit de plusieurs autres vices bien caractérisés. L'homme ne ment pas pour le plaisir de mentir ; il ment, parce qu'il est égoïste, parce qu'il est orgueilleux, parce qu'il est immoral, parce qu'il est cupide. Voilà ce qui rend le menteur laid et méprisable. L'homme, quand il n'a aucun intérêt à mentir, aime naturellement la vérité, et la pratique. Le bon sens vulgaire ne dit-il pas : *un menteur est un voleur* et vice versâ ? — Donc, le mensonge implique un ensemble de vices, lesquels indiquent le plus souvent un caractère bas et lâche. Mentir n'est donc pas seulement digne de réprobation, parce que c'est fausser la vérité, — de toutes les choses la plus sacrée et la plus digne de respect, — mais encore, parce que le mensonge révèle une âme perverse, sans générosité, comme sans grandeur, capable, à l'occasion, de toutes les bassesses et de toutes les infamies.

L'avarice, c'est le vice vulgaire, le plus souvent l'apanage

(1) Sans calembourg.

d'intelligences obtuses, d'obscures médiocrités. On s'étonne à
juste titre de la rencontrer dans un homme de lettres, — qui
fut un des *rois de l'intelligence*, si on ne considère que l'ampleur
et la force des facultés, sans envisager l'usage qui en a été
fait (1). Mais comme le dit L. Veuillot : « Un homme ne fait
pas métier d'outrager Dieu, sans se mettre en dehors de l'humanité; » et c'est ce qui fait que « Voltaire eut *au-delà du contingent des vices ordinaires à l'espèce.* »

I.

THÉORIE DE LA FORTUNE.

De même que nous avons la formule de la théorie de Voltaire
sur le mensonge, nous possédons celle de la fortune. Elle est
encore bien instructive, pour qui sait comment il l'appliquait.
La voici :

« *Ne négligez pas la fortune, c'est sagesse de s'en occuper.
Avec elle, on craint moins la superstition et ses surprises. Une
fortune aisée maintient le philosophe dans l'indépendance. Il en
est plus* COURAGEUX *(2) pour dire la vérité, il court moins de dangers en la disant, et si cette vérité arme les préjugés contre lui,
il échappe plus facilement à leur fureur et à leurs recherches (3).*

Il faut rapprocher de ce texte le titre d'une comédie anglaise
dont Voltaire s'était fait une devise :

METS DE L'ARGENT DANS TES POCHES, ET MOQUE-TOI DU RESTE.

(1) « *Il y a bien loin du grand talent au bon esprit.* » — Parole de Voltaire.
(2) Pour qui connaît Voltaire, ce mot *courageux* doit se traduire littéralement
par *lâche*.
(3) *Melpomène, Clio et Thalie*, disait-il, c'est-à-dire les *tragédies, l'histoire et
les contes, n'empêchent pas qu'on ne songe à ses dîmes, attendu qu'un homme de
lettres ne doit pas être un sot qui abandonne ses affaires pour barbouiller des
choses inutiles.* » (A d'Argental, 29 janvier 1764.)

Or, comment Voltaire appliqua-t-il cette théorie? Lui qui avait été clerc chez maître Alain, à Paris, il avait approfondi le mécanisme et la procédure des affaires. Il possédait à fond les moindres roueries du métier; il savait merveilleusement profiter des bénéfices que la *lettre* de la loi lui donnait, à l'occasion, sur des gens moins habiles. Que de surprises, que de coups fourrés! Aussi ne nous étonnons-nous nullement du jugement de M. Foisset sur Voltaire, homme d'affaires : « L'ancien clerc de Me Alain a été le plus habile, le plus prudent, le plus heureux des capitalistes du XVIIIe siècle, et *l'homme d'affaires le plus rusé, le plus madré, le plus retors qui fut oncques.* »

Le jugement est parfaitement justifié par les faits.

Maintenant, comment saisir et fixer cette physionomie changeante? Comment connaître, sous tous les travestissements, ce comédien qui se représente lui-même

> Toujours un pied dans le cercueil,
> De l'autre faisant des gambades?

Comment suivre, à travers les écarts de sa fiévreuse activité, cet homme de tous métiers, menant de front vingt affaires, « *toujours* — c'est encore lui qui parle, — *un procès, une entreprise, un poëme, une tragédie et une comédie sur les bras?*»

Voltaire se montre avec tous les costumes, sous tous les masques et dans toutes les situations. Près du parasite et du quémandeur, vous avez le gentillâtre et le grand terrien. Le voici à genoux, devant tous les puissants et toutes les puissantes; le voilà fier et superbe devant toutes les petites gens de la littérature, ou les pauvres paysans de ses domaines, « *les idiots de Ferney* » comme il daignait les appeler. Ici, vous le voyez agoniser sous le bâton; là, parader à quelque table royale. Regardez-le, suffoqué d'émotion et fondant en larmes

parmi les adorations de la France en délire. Un peu plus loin,
vous le surprendrez écumant et gambadant de fureur, parce
que le bruit d'un sifflet a blessé son oreille, ou parce que Frédéric s'est permis d'écrire à un Baculard d'Arnaud :

> Voltaire est à son couchant,
> Vous êtes à votre aurore.

Aujourd'hui prédicateur de la tolérance et de l'humanité,
demain il va pousser à la guerre, et, devançant le génie
moderne, inventer quelque engin destructeur, son char armé
de faux, sa « *petite drôlerie* » qu'il offrira tour-à-tour au héros
prussien et à la « *sainte* » moscovite. Étrange assemblage de
contradictions et de contrastes, « *chaos de gloire, d'ignominie,
de bonheur et de malheur*, » comme le remarquait déjà la châ-
telaine de Cirey. Ou plutôt non : les contrastes ne sont qu'appa-
rents. Un même ressort anime tous ces mouvements bizarres,
un trait caractéristique trahit partout cette mobile figure,
l'*égoïsme*, dernier mot de la vie de Voltaire ; l'égoïsme froid et
enthousiaste, calculateur et passionné tout ensemble, sachant
mettre en œuvre et sans relâche toute la ruse d'un légiste
retors, toute la souplesse d'un courtisan à l'épreuve, toute la
faconde d'un bel esprit intarissable, toutes les industries d'un
charlatan modèle et toute l'audace du plus hardi menteur qui
fut jamais (1).

Pendant les soixante premières années de sa vie beaucoup
trop longue, Voltaire a vécu en parasite, aux dépens des grands
et des riches qu'il adulait, qu'il corrompait pour payer leur
hospitalité, et qui le lui rendaient bien. Rares furent ceux qui
eurent le courage de se défaire de lui et de le renvoyer avec

(1) M. Longhaye. — *Études religieuses, hist. et litt. La dernière histoire de
Voltaire.* Paris, 1867.

éclat (1). La plupart de ses amphitryons étant en même temps les complices de ses turpitudes, ils avaient de trop bonnes raisons pour le ménager. — Il avait tant d'esprit et il était si méchant !

Comment se débarrasser d'un homme si dangereux? On aimait mieux s'arranger de façon à le faire déguerpir sans tambour ni trompette, même au prix de quelques sacrifices, de quelque présent ou de quelque pension.

Car il faut bien le remarquer, sauf Cirey, où le Patriarche vécut pendant une période presque non interrompue de quinze années, nulle part on ne put le tolérer longtemps, tellement son caractère, en dépit de son *génie*, était « *méprisable* » (2).

Aussi le nombre de ses résidences successives, jusqu'à Ferney, est-il prodigieux. Il suffira d'en énumérer les principales : Sully, Vaux-Villars, la Source, Cambrai, Paris, Bruxelles, la Haye, Londres, Berlin, Maisons, Rouen, Monjeu, Cirey, Anet, Fontainebleau, Sceaux, Commercy, Lunéville, Berlin et Potsdam, Leipsick, Gotha, Cassel, Franckfort, Colmar, Mayence, Manheim, Strasbourg, Senonnes, Plombières, Prangins, Monrion, les Délices, etc., etc (3).

Dans toutes ces résidences, Voltaire laissa une réputation bien établie de cupidité et de ladrerie. Le moment est venu d'en fournir des pièces justificatives.

II.

PIÈCES JUSTIFICATIVES.

En 1731, Voltaire était au plus fort de ses embarras pour la

---

(1) Il fut chassé cependant, en 1726, de chez le président de Bernières, dont il mangeait le bien et dont il débauchait la femme; de même qu'il fut éconduit par Stanislas, roi de Pologne, qui le réduisit à Lunéville, par la famine. (Voir plus bas.)

(2) Le mot est de Frédéric-le-Grand.

(3) A toutes ces résidences, on pourrait ajouter *la Bastille*, dont Voltaire, par les soins de la police, fut l'hôte, à deux reprises différentes.

publication de ses *Lettres philosophiques*. Craignant d'être arrêté, il s'enfuit en Normandie. C'est là qu'il se mit en relation avec le libraire Jore, auquel il fit accroire, au moyen de pièces fausses, qu'il avait une autorisation d'imprimer les fameuses *lettres*. Jore alléché par l'appât d'une bonne affaire, et de la préférence que lui accordait un homme si considérable, l'accable de politesse et de prévenances. Voltaire devint à Rouen l'hôte de son éditeur. Ici nous empruntons le piquant récit de M. l'abbé Maynard : (1)

Flatté dans son amour-propre d'homme et dans ses espérances de marchand, Jore avait voulu être à la fois l'hôte et l'éditeur de Voltaire. Il le logea donc à Rouen, fier d'un tel commensal, contrarié seulement d'être obligé de renfermer sa joie dans le secret de sa maison, car Voltaire ne voulait passer que pour un seigneur anglais que des affaires d'État avaient forcé de se réfugier en France ; et pour mieux donner le change, l'habile comédien avait soin de parler moitié anglais, moitié français. Après trois mois de séjour à la ville, milord ayant eu besoin de l'air des champs pour sa santé, Jore lui procura une jolie maison de campagne, à une lieue de Rouen. Avant de partir, milord, par économie, congédia un valet que le libraire avait arrêté à vingt sous par jour. Mais pour le coup, Voltaire trahit le seigneur anglais, en coupant en deux les gages du valet, que Jore dut compléter avec quarante-cinq livres de sa bourse, pour clore entre eux toute contestation. Voltaire passa un mois à la campagne, où il vécut, comme dans l'âge d'or, d'herbes, d'œufs frais et de laitage ; nourriture pythagoricienne qui lui était fournie par la jardinière, chargée encore, trois fois la semaine, de lui aller chercher ses épreuves. Dans sa large reconnaissance, il paya le tout d'un écu de six livres, et Jore dut encore fermer de ses deniers la bouche à la jardinière. Enfin, au bout de quatre mois de séjour, il couronna heureusement son rôle de seigneur anglais d'une pièce de vingt-quatre sous, dont sa générosité gratifia la servante de Jore (2).

Nous possédons un jugement peu suspect et très-caractéristique du même Jore sur les procédés dont usait Voltaire pour tirer le meilleur parti possible de ses livres :

(1) T. I, p. 172.
(2) *Mémoires de Jore*, dans le *Voltariana*, 1re partie, pp. 65 et suiv.

Lorsque cet auteur dit qu'il ne vend point ses ouvrages, c'est-à-dire qu'il ne les vend point à forfait, et effectivement, *il y perdrait trop :* il est dans l'usage de les faire imprimer à ses frais; et après en avoir détaillé par lui-même une partie, il vend à un libraire le surplus de l'édition, qui *tombe à l'instant,* par une nouvelle qu'il fait succéder, à la faveur de quelques changements légers. *C'est par ce petit savoir-faire que les faveurs des Muses ne sont pas pour Voltaire des faveurs stériles, et que, devenu sage par l'exemple de tant d'autres poètes, il sait s'en servir utilement, pour se procurer aussi celles de Plutus.*

L'ironie est fine, et il y a, dans la vie du poète, vingt exemples qui viennent confirmer l'observation de Jore. Qu'importe si l'éditeur est ruiné? Qu'importe même s'il est mis en prison au lieu et place de l'auteur, quand celui-ci désavoue son œuvre et prétend qu'on lui a volé le manuscrit? *Charité bien ordonnée commence par soi-même* et *la fin justifie les moyens,* surtout pour les Voltairiens (1).

En 1749, Voltaire était à Lunéville, chez Stanislas, roi de Pologne, où mourut la marquise du Châtelet « l'*immortelle Émilie* » du poète, à la suite de couches, dans des circonstances qui font frissonner, et après des scènes tellement ignobles et infâmes entre Voltaire, Saint-Lambert, la marquise et le marquis, que la plume se refuse à les retracer. A peine peut-on les lire; les répéter devant un auditoire est impossible.

Quoi qu'il en soit, la marquise morte, Voltaire n'était pas pressé de s'en aller. Il se trouvait d'autant mieux à Lunéville, qu'il craignait ne plus retrouver à Cirey, l'hospitalité gratuite des quinze dernières années. Mais Stanislas n'éprouvait aucune espèce de sympathie pour un hôte de l'espèce, et il s'efforçait de lui faire comprendre que le moment était venu de battre en

(1) La marquise du Châtelet, son impudique amante, a formulé quelque part cette théorie, pour l'excuser : « *Les honnêtes gens verront bien que la nécessité de ses affaires l'exigeait, et devront l'en estimer davantage.* »

retraite. *Ventre affamé n'a point d'oreilles*, dit le proverbe. Voltaire ne comprenait pas, se disant sans doute que possession vaut titre.

Stanislas impatienté fit venir Alliot son majordome, et tint conseil avec lui.

— Ne pourriez-vous pas me débarrasser de cet homme?

— Sire, *hoc genus dæmoniorum non ejicitur nisi in oratione et jejunio;* mais je soupçonne fort que l'*oratione* serait peu efficace.

— Eh bien, reprit le roi, employez le *jejunio.*

Fut dit, fut fait. Dès le lendemain, Voltaire, réduit par la famine, se met en mesure d'écrire à Alliot et au roi. Nous avons trois lettres qui font partie de la correspondance authentique.

Ces lettres sont toutes datées du 29 août 1749, à un quart d'heure l'une de l'autre, tant la disette était pressante. Il faut entendre le pleutre.

A Alliot, il demande d'abord de le faire servir chez lui; lui rappelant ensuite les bontés du roi de Prusse, il l'assure qu'à Berlin il n'était pas obligé « *à importuner, pour avoir du pain, du vin* et *de la chandelle.* »

Au roi : « *Les rois sont, depuis Alexandre, en possession de nourrir les gens de lettres, et quand Virgile était chez Auguste,* Alliotus, *conseiller aulique d'Auguste,* faisait donner a Virgile du pain, du vin et de la chandelle. »

Toujours de l'esprit, mais quelle platitude, pour un homme qui avait déjà plus de cent mille livres de rentes !

Si Auguste faisait donner à Virgile du pain, du vin et de la chandelle, il est plus que probable que Virgile ne mendiait pas pour en avoir.

Veut-on savoir ce que dépensa Voltaire pendant les quinze années qu'il vécut à Cirey, chez le marquis, ou plutôt chez la marquise du Châtelet? — Rien. Seulement, il fit quelques petits cadeaux, conformément au proverbe : *les petits présents entretiennent l'amitié.* Nous avons ici la mesure de sa générosité. Laissons encore parler M. l'abbé Maynard :

« A part la petite dépense de quelques laquais à tout faire, ménage et commissions, lectures et copies, Voltaire paraît avoir été pendant ces quinze années à la charge de la marquise. D'autre part, il ne se ruinait pas en présents. Le 14 décembre 1737, une Moussinot, sœur ou nièce, eut commission d'acheter de « beaux joujoux d'enfants » pour les petits du Châtelet ; mais il ne fallait pas que le prix dépassât « une pistole, ou douze à quinze livres. » L'année suivante, 5 juin, c'est à l'abbé lui-même que Voltaire écrit : « *Je vous supplie, si vous trouvez quelque petite montre jolie,* BONNE OU MAUVAISE, SIMPLE, D'ARGENT SEULEMENT, *avec un joli cordon soie et or ou ortrait ; trois louis tout au plus doivent payer cela ; je vous demande en grâce de me l'envoyer subito, subito. C'est un petit présent que je veux faire au fils de M*ᵐᵉ *la Marquise du Châtelet. C'est un enfant de dix ans. Il la cassera, mais il en* VEUT UNE, ET J'AI PEUR D'ÊTRE PRÉVENU » (1).

Nous retrouvons notre héros en Prusse, en 1750. Frédéric donnait à Voltaire le vivre et le couvert, plus des cadeaux, plus 20,000 livres de rentes, sans parler de sa clef d'or de chambellan, et de son cordon de l'Ordre du Mérite. A la rente, Voltaire ne touchait pas ; il n'avait garde ; il faisait fructifier et capitalisait. Frédéric le lui reprocha plus d'une fois, attendu qu'il n'avait fait cette pension au poète que pour lui permettre de mener un train de vie convenable, sans bourse délier.

Non-seulement Voltaire ne dépensait rien, mais il avait des procédés au moins équivoques, pour faire grossir ses capitaux. C'est ainsi que nous arrivons à l'*affaire du juif Hirschell* et de la banque de Saxe.

Nous nous contenterons d'en indiquer sommairement le sujet.

(1) T. I, p. 469.

Il y avait à Dresde une banque, la *Steuer*, dont Aug. de Saxe avait émis tant de billets, qu'ils avaient perdu 50 p. c. de leur valeur. Frédéric avait fait un traité avec Auguste, en vertu duquel les billets devaient être remboursés *au pair* aux détenteurs prussiens. Mais Frédéric n'entendait pas qu'on fît de ce traité une occasion de spéculation ; il avait simplement voulu sauvegarder les intérêts de ses sujets. Voltaire trouva l'occasion bonne, pour faire un grand coup de filet. Il s'entendit avec le juif Hirschell, lui confia des capitaux, avec mission d'acheter en baisse à Dresde le plus qu'il pourrait de billets saxons. — On comprend le mécanisme de l'opération.

Ici, un imbroglio des plus compliqués. Voltaire, se croyant sûr de l'impunité, veut encore tromper le juif, après avoir trompé le roi. Poursuites, procès, éclat ; plainte de la part de l'électeur; fureur de Frédéric. Voltaire est aux abois. Comment sortir de là ? — Mentir ? — Mais l'évidence est contre lui. C'est alors que Frédéric reproche à Voltaire ses lésineries, ses roueries, sa ladrerie ; qu'il dit que « *son caractère sera plus méprisé que jamais;* » qu'il lui lance à la face ce compliment : « *Vous avez eu la plus vilaine affaire du monde avec le juif.* » Puis il refuse de recevoir le poète-harpagon qui balbutie d'humbles excuses. Enfin le roi consent à passer l'éponge sur cette aventure, mais il le fait en des termes bien cruels :

« J'espère que vous n'aurez plus de querelle, ni avec le *vieux*, ni avec le *nouveau testament. Ces sortes de compromis sont flétrissants*, et avec les talents du plus bel esprit de France, *vous ne couvrirez pas les taches que cette conduite imprimerait à la longue à votre réputation.* Un libraire Jore, un violon de l'opéra (1), un juif joaillier, ce sont en vérité des gens dont, dans aucune sorte d'affaires, les noms ne devraient se trouver à côté du vôtre. J'écris cette lettre avec le gros bon sens d'un Allemand, qui dit ce qu'il pense, sans employer de termes

(1) Allusion à l'affaire des *Travenols*.

équivoques et de flasques adoucissements qui défigurent la vérité. C'est à vous d'en profiter. »

Ceci n'est que le commencement. Plus tard, d'autres faits firent explosion dans l'opinion publique, et quand on eut la certitude qu'on n'avait plus rien à craindre de la part du roi en disant la vérité sur le poète, les langues se délièrent. Voici une anecdote d'un parfait comique :

On racontait (1) qu'étant arrivé un jour de Postdam avec le roi, et ayant été invité à souper chez la reine-mère, il s'était tiré de la plus singulière façon d'un embarras de costume. C'était pendant un deuil de cour, et il n'y avait pas d'habits noirs à Berlin. Son embarras était d'autant plus grand que la reine-mère était sévère observatrice de l'etiquette. Son domestique lui dit alors qu'il connaissait un honnête négociant, du nom de Fromery, qui, comme tout bon réformé, avait un habit noir pour aller à la communion et se ferait plaisir et honneur de le prêter à un si grand homme. L'habit arriva : il était bien pour la longueur, mais ridiculement ample pour le squelette de Voltaire. Ce ne fut pas une affaire. L'habit est porté chez un tailleur, qui, au lieu de rentrer simplement les coutures, coupe l'étoffe et retranche le superflu. Désormais, l'habit va à merveille. Voltaire s'en drape à souper et le renvoie le le lendemain à Fromery, avec force remercîments. Quelques jours après, le marchand veut passer son habit pour un acte de religion, et n'y peut entrer. Il a le bon sens de rire de l'aventure et le bon goût de ne s'en pas plaindre.

Bien plus, — et ceci est une preuve indirecte de l'authenticité de l'anecdote, si invraisemblable qu'elle soit, — en bon bourgeois, il transforme son habit en une sorte de relique, qu'il montrait encore, vingt ans après, aux fanatiques voltairiens (2).
Distraction, dira-t-on, bien excusable dans un homme qui ne vivait que pour les lettres, dont le génie était toujours plongé dans les choses les plus sublimes. Nous allons voir :

(1) MAYNARD, vol. II, pp. 95 et suiv.
(2) THIBAULT, t. V, p. 282. — FROMERY, *Souvenirs d'un citoyen*, t. I, p. 236.

Nous sommes toujours à Berlin (1). — Tout avait été réglé pour la dépense de Voltaire. Il avait droit à deux bougies par jour, et par mois, à tant de livres de sucre, café, thé et chocolat. Or, ces denrées lui étaient quelquefois remises avariées ou insuffisantes. Soupçonnant une origine royale à cette fraude sur la quantité et la qualité, il s'en plaignit, non plus à l'*Alliotus* de Potsdam, mais à Frédéric en personne. « Ce que vous me dites, répondit l'Harpagon-roi, (comme l'appelait Volt.) me fait une peine infinie. Un homme comme vous ainsi traité chez moi, malgré mon amitié éclatante! En vérité, cela est affreux! Mais voilà les hommes! tous des canailles! Je vous remercie de m'en avoir parlé; je vais donner des ordres si positifs, que ce scandale cessera. » — Le scandale continua, et Voltaire de plus en plus indigné, renouvela ses plaintes : « Il est affreux, répliqua Frédéric, d'être si mal obéi; mais, après les ordres que j'ai donnés, que puis-je davantage? je ne ferai pas pendre ces canailles là pour un morceau de sucre ou pour une pincée de mauvais thé; ils le savent et se moquent de moi. *Ce qui me fait le plus de peine, c'est M. de Voltaire distrait de ses idées sublimes par de semblables misères.* Ah! n'employons pas à ces bagatelles les moments que nous devons aux muses et à l'amitié. Allons, mon cher ami, vous pouvez vous passer de ces petites fournitures, qui vous occasionnent des soucis indignes de vous : eh bien, n'en parlons plus, je vais ordonner qu'on les supprime. »

— Ah! se dit Voltaire, blessé de la suppression, dans sa cupidité, et de l'ironie royale, dans son amour-propre : c'est donc ici sauve ou gagne qui peut! En ce cas, sauvons et gagnons ce que nous pourrons! Le pire, en ces rencontres, est d'être dupe :

> Car dans le cas d'être dupe ou fripon,
> Tout bien pesé, c'est fripon qu'il faut être.

C'est alors qu'il fit revendre en paquets les douze livres de bougies qu'on lui donnait par mois. Ne voulant rien retrancher à ce commerce pour son usage, il avait toujours dix prétextes tous les soirs, d'aller dans l'appartement du roi ; et chaque fois il s'armait d'une des plus grandes bougies allumées chez lui, qu'il ne rapportait jamais.

(1) Maynard, vol. II, pp. 97 et 98.

C'était la fable de Berlin. Le roi savait tout, mais il dissimulait, ayant encore besoin de Voltaire pour faire ce que celui-ci appelait : *laver son linge sale*, c'est-à-dire corriger sa prose et ses vers. Et Frédéric écrivait :

« *On peut apprendre de bonnes choses d'un* SCÉLÉRAT. Je veux savoir son français, que m'importe sa morale ? Cet homme a trouvé le moyen de réunir les extrêmes : on admire son esprit, en même temps qu'*on méprise son caractère.* »

Et voici une appréciation qui rentre plus directement encore dans la passion que nous étudions ici. Frédéric écrit à **Darget** :

« Voltaire s'est conduit ici en faquin et en fourbe consommé. *C'est un misérable, et j'ai honte pour l'esprit humain qu'un homme qui en a tant soit* SI PLEIN DE MALFAISANCE..... Vous ne sauriez vous imaginer toutes les *duplicités*, les *fourberies*, et les *infamies* (1) qu'il a faites ici. »

Traits, observe M. Sainte-Beuve, dans ses *Causeries* du lundi « d'une précision définitive et terrible. »

Qu'on y ajoute celui-ci, du même Frédéric, à propos de l'affaire *Akakia* :

« *Si vos ouvrages méritent qu'on vous élève des statues, votre conduite vous mériterait des chaînes.* »

III.

AUTRES APPLICATIONS DE LA THÉORIE.

Ici aussi, notre conviction commence à se former. On doit bien reconnaître que ce n'est plus précisément une calomnie

(1) Remarquons que, cette fois, c'est Frédéric de Prusse qui taxe Voltaire *d'infamie*. Mgr Dupanloup n'y est pour rien. Ailleurs déjà, nous avons vu Voltaire lui-même qualifier d'*infâme libelle* la *Pucelle d'Orléans*. Il n'était pas encore question de l'*infamie personnifiée*, mais on y marchait. Tout compte fait, Mgr Dupanloup n'est qu'un plagiaire de Frédéric-le-Grand et de Voltaire lui-même.

que d'appliquer à Voltaire le qualificatif de cupide et d'avare. Et cependant la générosité ne serait pas déplacée dans le caractère d'un homme de lettres, voire même dans celui d'un philanthrope ou d'un faux-sage.

Et Voltaire, comment recevait-il les compliments du roi, de César-Cotin ? Ma foi, le philosophe y mettait peut-être encore plus de longanimité que Socrate, lorsque celui-ci recevait sur sa tête le pot d'eau sale de sa mégère Xantippe. Voltaire écrivait entre autres ceci :

« *N'est-il pas juste de tout quitter pour un roi si* AIMABLE, *qui se bat comme César, qui pense comme Julien et qui me donne 20,000 livres de rentes et honneurs pour souper avec lui ?* »

Voilà comment parle « *le bon sens s'exprimant dans la langue la plus pure.* » Au moyen de la dorure de 20,000 livres de rentes, on avale sans grimacer des pilules bien amères (1).

Voyons comment Voltaire qui, à ses moments perdus, faisait le brocanteur, et qui écrivait à son agent Moussinot, en le chargeant d'acheter pour 6,000 fr. de tableaux, destinés au brocantage : « *Si je retourne à Paris, nous brocanterons vigoureusement* », — voyons comment il savait exploiter à son profit les malheurs publics.

D'abord la théorie.

« *Il faut faire attention à toutes les opérations que le ministère, toujours obéré et toujours inconstant, fait dans les finances de l'État. Il y en a toujours quelqu'une dont un particulier puisse profiter.* »

(1) A cette époque déjà, Voltaire était riche et très-riche. Il en fournit lui-même la preuve : « *Je suis riche et même très-riche pour un homme de lettres. J'ai ce qu'on appelle à Paris monté une maison, où je vis en philosophe avec ma famille et mes amis.* » (A Frédéric, 8 mai 1750.) Neuf ans plus tard, il ajoutait : « *J'ai en France soixante mille livres de rentes.* » (A Frédéric, 27 mars 1759.) Ce qui ne comprenait ni ses intérêts dans la Compagnie des Indes, ni sa terre de Ferney qui lui avait coûté, en 1768, près de 500,000 fr., selon le compte qu'il en fait lui-même. (A Rochefort, 11 avril 1768.)

Maintenant la pratique ou l'application.

C'était pendant la guerre de la France contre l'Angleterre; la fortune des armes tournait contre son pays. Cependant Voltaire écrit :

« *Ce qui me console, c'est que nous avons pris un vaisseau anglais chargé de tapis de Turquie, et que j'en aurai à fort bon compte.* CELA TIENT LES PIEDS CHAUDS.

Quel esprit! Mais quel égoïsme! Mais l'avarice n'est-ce pas l'égoïsme à l'état chronique ?

Au milieu de la Guerre de Sept ans, Voltaire n'écrit-il pas à d'Argental :

« *On parle encore de deux ou trois petits massacres.....* *Que faire donc? Donner Tancrède en décembre, l'imprimer en janvier* ET RIRE ! » (1)

Mais il faut le voir, le grand philanthrope, quand ses propres intérêts sont en cause. Non-content de spéculer sur les blés, une substance de première nécessité, sur le pain du pauvre, — ce qu'il a fait en grand, — il sacrifierait volontiers tous les intérêts de sa patrie, pour mettre les siens propres à couvert. Quelle explosion comique de douleur, par exemple, lors de la prise de Pondichéry, par les anglais, qui compromettait affreusement les fonds qu'il avait placés dans la Compagnie des Indes.

C'était en 1761 et années suivantes; Voltaire était tout à la la guerre; il prêchait la guerre sur tous les tons. Il excite par tous les moyens possibles la France contre la Prusse. Il rappelle les trahisons sans nombre de « *Messieurs de Brandebourg* » et les deux trahisons de *Luc* (2), pendant la guerre de 1741, etc.

---

(1) Toujours rire. — Cela ne justifie-t-il pas le jugement de Thomas :
« Voltaire est un mauvais génie, qui est venu rire *d'un rire de démon sur les maux de l'humanité*, et qui a déshonoré l'espèce humaine. »

(2) *Luc*, par anagramme. Voltaire avait donné ce nom à Frédéric, après la disgrâce, faisant allusion aux plaisirs infâmes du roi.

Mais le 15 janvier 1761, Pondichéry tombe aux mains des Anglais. « *Pondichéry! Pondichéry!* dit l'abbé Maynard : ce nom fatal va revenir dans toutes ses Jérémiades, comme le nom de Jérusalem dans les lamentations du Prophète. Il ne veut plus être consolé, parce que Pondichéry n'est plus !

« *Divins anges*, écrit-il le 24 août aux d'Argental, *tout ce que vous me dites de la compagnie indienne est bel et bon ; mais il est dur de vendre 700 ce qu'on a acheté 1,400. Voilà le nœud, voilà le mal !* » — Il s'agit bien maintenant de l'honneur de la France ! Il s'agit de sauver le reste de son bien, que les Anglais menacent de lui ravir. Il lui faut la paix, la paix à tout prix, même au prix du Canada. (A Choiseul, 6 septembre 1762.)

Pour recouvrer Pondichéry, c'est-à-dire ses actions de la compagnie des Indes, il sacrifierait de grand cœur toutes les colonies !

Au surplus, pendant toute sa vie de diplomate, il ne se démentit pas. Nous le voyons jouer tour-à-tour, quelquefois simultanément, un double et triple jeu : le jeu de Frédéric, le jeu d'Élisabeth de Russie, le jeu de Marie-Thérèse et de la cour de France ; ou plutôt, il n'en jouera qu'un seul, toujours le même, son jeu à lui, habilement dissimulé sous les voiles de l'humanité et du patriotisme (1).

Ici encore, la matière est surabondante ; la veine est trop riche : nous ne saurions l'épuiser. Il faudrait, pour être complet, pouvoir détailler comment le grand philanthrope traitait ses subordonnés, ses agents, ses entremetteurs littéraires et autres. Partout on retrouve le pseudo-seigneur anglais de la maison de campagne du libraire Jore.

Un seul trait, pour montrer la loyauté de Voltaire en affaires. Il avait souscrit en 1721, des billets au profit d'un nommé André. André n'avait jamais pu rentrer dans sa créance, et il était

---

(1) MAYNARD, t. II, pp. 145 et suiv.

arrivé en 1751, à la veille du délai de prescription, sans avoir pu obtenir satisfaction. Cependant sa créance était en bonne et due forme. Voltaire nie, essaie de tous les moyens pour éluder le payement. Mis au pied du mur, il n'a pas honte d'écrire ceci à d'Argental, 24 février 1751, de Berlin :

Je crois que JE SERAI OBLIGÉ DE PAYER ET DE LE DÉSHONORER, *attendu que mon billet est pur et simple, et qu'il n'y a pas moyen de plaider contre ma signature et contre un procureur.* »

Déshonorer un homme, parce qu'il réclame son dû ! Est-ce croyable ?

Disons un mot des chars armés de faulx. C'est trop caractéristique pour être omis.

En l'an de grâce où nous vivons, 1868, alors que nous voyons les partisans et les fanatiques de Voltaire se montrer en même temps, les adversaires forcenés du magnanime et saint Pie IX, alors que nous les voyons appeler l'un : *l'ami du peuple, le bienfaiteur de l'humanité*, et l'autre un *vieillard farouche* qui n'hésite pas, dans des vues d'ambition, à verser le sang de ses sujets ; alors surtout qu'ils lui font un crime de s'être servi à Mentana du fusil *Chassepot* (1), pour repousser les hordes deux fois plus nombreuses des Garibaldiens, il est instructif de voir comment leur fétiche, non-seulement poussait à la guerre, mais encore, pour la rendre plus meurtrière, inventait, non pas un fusil perfectionné par la culasse, mais une espèce de char armé de faulx, qu'il offrait aux potentats, même contre sa patrie, moyennant bel et bon argent, — et toujours *incognito*.

C'est de 1757 que date cette invention, moyennant laquelle « *avec six cents hommes et six cents chevaux, on détruirait en plaine une armée de dix mille hommes.* » C'est Voltaire qui parle : « *Je sais très-bien, ajoutait-il, que ce n'est pas à moi à*

___

(1) Voir les tirades humanitaires de V. HUGO, reproduites et commentées par la presse libérâtre belge ; notamment les articles amphigouriques de l'*Office de Publicité*.

me mêler de la manière la plus commode de tuer mes semblables. Je me confesse ridicule; mais enfin, pourquoi un barbouilleur de papier comme moi ne pourrait-il pas rendre quelque petit service INCOGNITO? »

Nous sentons encore ici le courage qui perce. Plus loin, il fait semblant de s'excuser : « Cela ne va pas à mes maximes de TOLÉRANCE; mais les hommes sont pétris de contradictions, et d'ailleurs, Votre Majesté me tourne la tête. »

Je le crois bien : « Un roi si aimable, qui lui donne 20,000 livres et des honneurs pour souper avec lui ! »

Pour ceux qui l'ignoreraient encore, il faut prouver que Voltaire a fait la traite des noirs et qu'il a gagné de l'argent à ce commerce. Oui, comme l'observe M. Maynard, c'est dans ce trafic honteux que l'homme bienfaisant, le redresseur des griefs s'est préparé à l'affranchissement des serfs du Jura.

Il écrivait à Michaud, de Nantes, associé dans ce commerce :

« Je me félicite avec vous de l'heureux succès du navire le Congo, arrivé si à propos sur la côte d'Afrique, pour soustraire à la mort tant de malheureux nègres..... JE ME RÉJOUIS D'AVOIR FAIT UNE BONNE AFFAIRE, EN MÊME TEMPS QU'UNE BONNE ACTION. »

Tel est l'homme qui ailleurs écrivait :

Et l'intérêt des noirs est tout ce qui me touche.

Mais il faut le voir, riant et ricanant pour se justifier : « On nous reproche le commerce des noirs. Un peuple qui trafique de ses enfants est encore plus condamnable que l'acheteur. CE NÉGOCE DÉMONTRE NOTRE SUPÉRIORITÉ. CELUI QUI SE DONNE UN MAÎTRE ÉTAIT NÉ POUR EN AVOIR. » (1)

Ah ! comme il justifie bien sa théorie : « Ce monde est

(1) Essai sur les mœurs, ch. CXCVIII.

une guerre; celui qui rit aux dépens de l'autre est victo-rieux. » (1).

Tous les moyens sont bons à Voltaire; pour arrondir son pécule et pour restreindre sa dépense. Ainsi, il chante sur tous les tons qu'il est malade, agonisant et ruiné par-dessus le marché. Qui n'aurait pitié de lui? Qui serait assez dur pour ne pas fournir à ce pauvre poète, qui a 200,000 livres de rentes, « *du vin, du pain, de la chandelle?* »

Pour Voltaire, nouveau Vespasien, l'argent ne sent jamais mauvais. Quand il adulait la Pompadour, dans le but d'obtenir une place de gentilhomme et d'historiographe du roi, — une bagatelle de 60,000 livres, n'écrivait-il pas que « *pour faire la plus petite fortune, il valait mieux dire quatre mots à la maî-tresse d'un roi que d'écrire cent volumes?* »

(1) En parlant du projet de statue, le *Siècle* écrit : « *C'est une dette que la* DÉMOCRATIE *a contractée envers cet incomparable écrivain.* »

Nous confessons que nous ne comprenons pas. — Il nous semble que le mot *démocratie* est parfois bien élastique. Qu'y a-t-il de *démocratique* dans Voltaire, lui le grand seigneur, qui affectait de signer *comte de Tourney*, qui ne voulait vivre qu'avec l'aristocratie, qui traitait le peuple de *gueux* et de *canaille?*

Il était riche, le démocrate; il n'y a pas de mal à cela. Il avait des terres et des titres, et Dieu sait s'il y tenait.

En 1755, il acheta *les Délices*, à la porte de Genève, et y passa cinq ans. En 1760, il acheta Ferney, de M. Budée de Boisy, et il y joignit, la même année, le comté de Tourney, acheté à vie du président de Brosses, moyennant 35,000 livres ; et l'on jugera de son importance, sur ce fait que Voltaire l'afferma 1200 *livres,* 3 *quarterons de paille et* 1 *char de foin.* (Au président de Brosses, 20 oct. 1761.) Cependant, si petit qu'il fût, son comté le fit *seigneur de deux paroisses* (à Pila-voine, 23 avril 1760), *haut justicier* (à Damilaville, mai 1761), *ayant pilori* (à Thi-bouville, 20 mai 1760), *dîmes* (à d'Argental, 4 avril 1764), *censives, droit de chasse et de dixième* (à M. de Choiseul, 1766), et enfin, *droit de main-morte sur plusieurs serfs taillables et corvéables à merci et miséricorde* (à d'Argental, 1er février 1764).

Voici, du reste, en deux mots, sa profession de foi sur la liberté et l'égalité : « *Je ne connais guère que J.-J. Rousseau à qui on puisse reprocher ces idées d'égalité et d'indépendance, et toutes ces chimères qui ne sont que ridicules.* » (A Richelieu, 13 février 1771.)

Et ailleurs : « *Le système de l'égalité m'a toujours paru, d'ailleurs, l'orgueil d'un fou.* »

Riche, il disait lui-même de lui-même : « *Nous sommes des philosophes très-voluptueux,* » et c'est lui qui a appelé « *le superflu : chose très-nécessaire !* »

CONCLUSION.

Dans toutes ces belles théories, dans toutes ces applications viles ou véreuses, où est donc le sage? où est donc le bienfaisant? où le Voltaire de M. Thiers?

Ah! sa nièce, Mme Denis, avec laquelle il a vécu trente ans, le connaissait mieux que nous; c'est elle-même qui se charge de qualifier Voltaire, son oncle, dans une lettre à jamais célèbre, et où nous rencontrons ces mots :

« L'AVARICE VOUS POIGNARDE !

« *Vous êtes le dernier des hommes par le cœur. Je cacherai autant que je pourrai les vices de votre cœur* (1). »

Enfin, Frédéric n'avait pas trouvé de meilleure expression, pour rendre toute sa pensée, et pour caractériser la basse cupidité, la ladrerie insigne de son hôte, que de lui lancer l'épithète singulièrement énergique d'ANGOULE TOUT. »

Après ce double jugement, nous avons bien le droit de nous taire et de ne pas conclure plus explicitement.

(1) Mme Denis à Voltaire, 20 février 1754.

CHAPITRE III.

VOLTAIRE IMMORAL.

Ici les difficultés sont grandes. Impossible d'apprécier Voltaire, si on n'a pas le courage de fouiller dans les bas-fonds de son caractère. Mais que d'aspects hideux à dévoiler, et comment tout dire? Comment en dire assez, et en des termes tels que la plume reste immaculée, après avoir remué les ordures, les immondices d'une vie exceptionnellement cynique, qui s'est prolongée au-delà de quatre-vingts ans?

Force nous sera bien de jeter un voile épais sur la plupart des faits les plus précis et les plus accablants. La nature humaine est ainsi faite, que nommer seulement certains vices, peindre certaines situations, même pour les flétrir, c'est offrir un danger, c'est présenter une tentation. Le nom même du mal est une offense, pour l'innocence qui ne le connaît pas. On comprendra donc dans notre réserve. Nous en dirons assez, du reste, pour justifier le titre de ce chapitre.

I.

IMMORALITÉ PRÉCOCE ET PROPAGANDE DE CORRUPTION.

Voltaire s'est jugé lui-même dans ce vers :

Un esprit corrompu ne fut jamais sublime.

Et corrompu, il le fut jusqu'à la moëlle des os. Plus rien de
sain dans sa chair, comme dit le texte biblique. Il fut corrompu
de bonne heure, et il le fut jusque dans la tombe. Heureux,
trois fois heureux, s'il n'avait été que corrompu. Mais il fut
corrupteur, et qui dira les ravages de ses principes, de ses
livres, de *Candide*, de *La Pucelle?* Malheur à celui par qui le
scandale arrive! Il ne se contentait pas de corrompre par les
pensées, par la parole, par les mots. Il appelait l'art de la
gravure au secours de la gravelure. Il est une des éditions de
sa *Pucelle* dont les illustrations sont tellement mauvaises,
tellement perverses, dans leur exécution artistique savante,
« qu'un ange même, nous disait un savant ecclésiastique, n'y
résisterait pas. »

> Toujours un pied dans le cercueil,
> De l'autre faisant des gambades :

Ainsi se peint Voltaire; mais le mot *gambades* en dit plus
qu'il ne semble, à ceux qui ne sont pas initiés à la science de
Sodome et de Gommorrhe (1).

Voltaire débuta jeune, dans la voie de l'immoralité. Nous

---

(1) Il y a quelque part un vers de Voltaire souvent cité par les apologistes :

> J'ai fait un peu de bien, c'est mon meilleur ouvrage.

Qu'il ait fait un peu de bien, c'est possible; mais en rapport avec le mal, le bien
se trouve à dose homéopathique, infinitésimale. Nous proposons une variante :

> J'ai fait beaucoup de mal; c'est là tout mon ouvrage.

Ou bien :

> Méchant, j'ai voulu faire un siècle à mon image.

Ou bien encore ce distique :

> Sale était mon génie; ignoble est mon ouvrage;
> Insulteur du vrai Dieu, je ne suis qu'un faux sage!

n'en voulons pour preuve que ces vers à Duché, sur sa mère, qu'il fit à l'âge de quinze ans :

> Dans tes vers, Duché, je te prie,
> Ne compare pas au Messie
> Un pauvre diable comme moi;
> Je n'ai de lui que ma misère,
> Et suis bien éloigné, ma foi,
> D'avoir une vierge pour mère.

Ce sixain révèle trois choses : le mépris de Voltaire pour sa sa mère, son impiété précoce, son immoralité; la violation de trois des commandements de Dieu; le tout à quinze ans.

Ce qui justifie bien le jugement de ses maîtres, les jésuites. On trouve cette appréciation, dans leurs registres : « *Puer ingeniosus, sed insignis nebulo.* » Jeune homme bien doué, mais un fameux vaurien.

Son directeur appelait déjà Voltaire écolier : « *Cet animal de gloire.* »

La postérité ne le démentira pas. Il serait difficile d'avoir été meilleur prophète.

Nous avons une note de la police, sur Voltaire encore jeune, datée de 1718 :

« Arouet de Voltaire est grand, sec et *a l'air d'un satyre.* C'est un aigle pour l'esprit, et *un fort mauvais sujet pour les sentiments.* »

Sentiments ici, opposé à esprit, est synonyme de *mœurs.* Voltaire avait alors 24 ans.

De Voltaire est ce principe :

« *J'aime mieux voir les mœurs d'un peuple dépravées que si c'était son goût.* »

Et il l'a bien appliqué. S'il est vrai qu'il a contribué à épurer le goût littéraire, il a largement travaillé, pour sa part, à corrompre davantage encore le XVIIIᵉ siècle, déjà si profondément corrompu.

En veut-on une preuve décisive? — Voltaire étant en Suisse, furieux contre les protestants dont les mœurs rigides formaient la vivante satire des siennes et de celles de sa maison, écrivait le 27 septembre 1760, à d'Argental :

« *Je veux créer les plaisirs;* JE VEUX CORROMPRE TOUTE LA JEUNESSE DE LA PÉDANTE VILLE (Genève.)

Et il agit en conséquence; de sorte que J.-J. Rousseau, qui n'était pas un puritain, avait bien le droit de lui dire : « *Vous avez perdu Genève, pour prix de l'asile que vous en avez reçu.* »

Voici du reste, la confirmation de cette monstrueuse maxime. Pendant que Voltaire était à Berlin, Formey, secrétaire perpétuel de l'Académie, lui demanda quelques renseignements sur Ninon de Lenclos. Voltaire s'empressa de le satisfaire; nous allons voir de quelle manière. Il écrivait :

« *Il y a ici un ministre du saint Évangile, qui m'a demandé des anecdotes sur cette fille célèbre. Je lui en ai envoyé* D'UN PEU ORDURIÈRES, POUR APPRIVOISER LES HUGUENOTS (1). »

Et la même méthode de corruption se trouve confirmée encore ailleurs. Il écrivait à Richelieu, à propos de *la Femme qui a raison* :

« *Je ne désespère pas, tandis que vous êtes en train, que vous ne ressuscitiez aussi* La Femme qui a raison. ON PRÉTEND QU'IL Y A QUELQUES ORDURES, MAIS LES DÉVOTES NE LES HAÏSSENT PAS (2). »

Et comment s'y prenait-il en Suisse, à Ferney, pour corrompre en grand « *toute la jeunesse de la pédante ville?* » Il suffit de savoir ce qu'il faisait du nombreux public qu'il attirait à son théâtre domestique.

(1) A d'Argental, 29 mai 1751.
(2) A Richelieu, 16 sept. 1765.

« Après la comédie, il y avait un souper de 50, 60, 80 personnes, 300 même le jour du *Droit du Seigneur*. Que faire ensuite de tout ce monde? On avait beau coucher les uns sur les autres ; comme il n'y avait que quatorze chambres au château de Ferney, il était difficile d'y empiler tant de gens. D'ailleurs, à minuit, au milieu des neiges, on ne pouvait les mettre dehors, d'autant moins que les gens de Genève auraient trouvé les portes fermées. Alors, le reste de la nuit, on faisait danser tout ce monde, etc., etc. (1) »

Il avait d'autres procédés encore, plus expéditifs et plus *moraux*, — à l'instar des *moyens moraux* des Italiens. Mais n'anticipons pas.

Ailleurs, Voltaire se vantait d'avoir formé une excellente troupe de comédiens, « *avec des femmes assez belles, pour en avoir de très-mauvaises.* »

Qui maintenant s'inscrira en faux contre ce jugement de Jean-Baptiste Rousseau : « Oh! que l'esprit est un mauvais instrument *dans un homme sans mœurs?* »

Et cet autre de Jean-Jacques : « Ce fanfaron d'impiété, ce beau génie et cette âme basse, cet homme si grand par les talents, *si vil par leur usage,* laissera de longs et cruels souvenirs parmi nous. »

Le mal fit des ravages si rapides, grâces à l'influence de Voltaire, que les philosophes protestants usèrent à leur tour de toute leur énergie, pour leur opposer une digue efficace. Vains efforts ! Aussi les vieux gentilshommes du pays, les puritains protestants firent-ils dater de son passage la décadence des mœurs nationales. (2)

(1) MAYNARD, t. II, pp. 286-87.
(2) *Voltaire à Lausanne*, par J. OLIVIER, Lausanne, 1842, pp. 29 et 35; le *XVIIIe siècle à l'étranger*, par SAYOUS, t. II, pp. 80 et suiv.

II.

DES AMIS ET DES AMIES.

Ce qui précède est un aspect très-général et très-superficiel. Il y a un autre aspect beaucoup plus instructif encore : les amis et les amies. Le proverbe : *Dis moi qui tu hantes et je te dirai qui tu es*, se vérifie à la lettre, pour notre triste héros.

Quels amis, et surtout quelles *amies !* Tout ce que le siècle avait de dépravé, en fait de grands noms, jouissait de la familiarité de Voltaire, — et ce n'est pas peu dire.

Voltaire n'a jamais été marié, — qui l'ignore, — et il n'a jamais essayé de l'être ? Pourquoi se donner des entraves ? — Il savait se procurer les bénéfices du mariage, sans les charges et les devoirs. Aussi n'a-t-il jamais connu les grandes, sublimes, austères obligations de la paternité. Est-ce trop à regretter ? — Si par malheur ses fils lui avaient ressemblé ? — N'est-ce pas assez d'un échantillon de la race ? — Et puis, c'est par centaines, par milliers que se comptent les fils par adoption de Voltaire, les héritiers de son esprit, de ses principes et de sa morale. Si nous réussissions à les faire rougir un peu de leur père, nous n'aurions pas tout-à-fait perdu notre peine.

Ses amis et protecteurs ! — Son oncle et parrain, — d'après d'autres son véritable père, — l'abbé de Chateauneuf lui apprit des blasphèmes pour exercer sa mémoire.

Le *Temple* et les traditions de Chaulieu furent sa première école publique de morale.

Richelieu, l'entremetteur des plaisirs du roi Louis XV, fut son ami intime et constant !

Que dire de ses autres familiers ? — Pour ne citer qu'un seul nom, comment qualifier les mœurs de Frédéric-le-Grand, de *Luc*, dont les plaisirs infâmes, auxquels participait Voltaire, étaient si abominables, que Voltaire appelait son palais de Potsdam une *Potsdamie !*

Quels étaient ses employés, ses domestiques, ses subordonnés ? *Ab uno disce omnes.* Inclinez-vous, j'ai l'honneur de vous présenter l'un des secrétaires intimes du sieur de Voltaire, « Comte de Tourney (1). *Covelle*, « *le Fornicateur*. »

C'est Voltaire lui-même qui l'affubla de ce surnom qu'il méritait bien. Voici dans quelles circonstances :

Robert Covelle, horloger de Genève (nous sommes en 1764, à Ferney) avait corrompu sa servante, Catherine Farbot, et en avait eu un enfant. Cité devant le Consistoire, et sommé de s'agenouiller, suivant l'usage, pour recevoir la réprimande et son pardon, il refuse et demande une semaine de réflexion. Il était conseillé par Voltaire, qui avait pris sa vilénie sous sa protection. Après quinze jours, Covelle refuse encore de se soumettre. — Il avait ses grandes et ses petites entrées à Ferney, et quand il s'y présentait, les portes s'ouvraient à deux battants devant lui, et on lui faisait fête (2). Voltaire ne l'appelait en cérémonie que « *M. le Fornicateur*, » et ses gens, croyant que c'était un nom de dignité, ne l'annonçait plus que sous ce titre ; ce qui donnait lieu aux bouffonneries les plus indécentes.

On riait, alors ; on s'en donnait à gorge déployée. Beau sujet, en vérité !

Mais ce n'est pas tout. Non content de prendre la défense de Covelle, et de publier des mémoires en sa faveur, Voltaire le garda chez lui, et, moyennant une subvention de 300 fr., il acheta le privilège de publier, sous son couvert, une foule d'écrits impies et obscènes (3). *Tel maître, tel valet!*

(1) Voltaire, le grand démocrate, étant devenu acquéreur de la terre de Tourney, affectait de signer : « *Voltaire, comte de Tourney.* » Ce dont Frédéric le plaisanta en termes fort piquants.

(2) MAYNARD, t. II, pp. 295 et 296.

(3) C'est sous le nom de Covelle qu'il publia, en 1765, la plupart de ses *Lettres*

Un mot sur Frédéric de Prusse et sur Potsdam, appréciés par Voltaire lui-même :

Dans ses *Mémoires*, il décrit la vie de Frédéric.

« Levé à 5 ou 6 heures, le stoïcien royal, habillé et botté, donnait quelques moments, *en compagnie de quelques beaux pages*, à la secte d'Epicure. Puis venaient les affaires. Vers 11 heures, revue, parade et dîner. Après quoi, retraite dans son cabinet, et rimes françaises jusqu'à 5 ou 6 heures. Lecture ensuite, ou concert, où la flûte royale jouait le principal rôle. La journée se terminait par le souper, dans une salle dont le principal ornement était une imfâme priapie. La conversation était à l'avenant : on eut cru entendre les sept sages de la Grèce dans un mauvais lieu. Jamais de femmes dans ce palais de *Potsdamie,* jamais de prêtres dans ce repaire d'impiété (1). »

Nous insistons sur ce détail : jamais de *femmes ;* de jeunes et jolis pages en tenaient lieu. Il nous est interdit d'en dire davantage. A ceux auxquels leurs devoirs imposent de sonder les plus hideuses plaies de la corruption humaine, ressuscitée des horreurs du paganisme, de comprendre.

A Baireuth, chez la sœur de Frédéric, il y avait des femmes à revendre. Et quelles femmes ! Entre autres la duchesse de Wurtemberg, qui passait des nuits à copier la *Pucelle.* — Inutile d'ajouter dès lors que Voltaire était le dieu de l'endroit; l'objet d'un vrai culte idolâtrique.

Nous avons un jugement encore plus décisif, dans une lettre de Voltaire à Mme Denis qui voulait le rejoindre à Potsdam.

« Potsdam n'était pas un séjour pour une femme. Passe pour lui, qui *n'avait pas l'honneur d'être page*, et à qui était indif-

---

sur ou plutôt *contre les Miracles*. Ces *Lettres,* il en nia la paternité, et se fit donner un certificat par Covelle, qui s'en reconnaissait l'auteur. (Voir MAYNARD. t. II, p. 296.) Actuellement, plus de doute sur la paternité sans partage de Voltaire. — Oh ! « *le bon sens français !* »

(1) Voir MAYNARD, t. I, pp. 393 et 94.

férent *ce qu'on faisait à Paphos et dans le voisinage; mais pour une femme, il n'y avait pas place honnête en pareil lieu* » (1).

Et il y demeurait; et il n'avait pas le bénéfice de s'excuser sur son ignorance. Dès son arrivée, il savait à quoi il s'exposait, et ce qu'on attendait de lui, moyennant 20,000 livres de rentes.

En voici la preuve la plus textuelle et la plus péremptoire :

Nous lisons dans ses OEuvres, t. XL, 86, *Mémoires*, au sujet de son arrivée à Berlin et de son accueil par Frédéric :

« *Il était accoutumé à des démonstrations de tendresse* SINGULIÈRES, *avec des favoris plus jeunes que moi; et oubliant un moment que je n'étais pas de leur âge, et que je n'avais pas la main belle, il me la prit pour la baiser.* JE LUI BAISAI LA SIENNE ET JE ME FIS SON ESCLAVE. »

Si ce n'est pas là l'*Infamie personnifiée*, qu'est-ce donc?

Plus jeune, Voltaire était commensal et familier de Maisons. Ici, nous avons un passage de Saint-Simon, qui demande à être cité :

« Maisons, dit Maynard (2), encore un séjour de Voltaire. Cette magnifique demeure avait alors pour maître le jeune président à mortier de Maisons. Sans aucune religion eux-mêmes, son père et sa mère lui avait cherché un professeur lettré et ayant du monde (3), « *et qui, par ses principes, élevât avec soin leur fils à n'en pas avoir. Pour leur malheur, ils rencontrèrent ce phénix accompli dans ses trois parties,* » et le fils devint, sur la religion, parfaitement semblable au père et à la mère. La mort du père, enlevé en une heure à 48 ans, « sans volonté et sans loisir de penser un moment à ce qui allait arriver à son âme (1715); » la mort de la mère, emportée de même, dans sa quarante-sixième année (1727), par une attaque d'apoplexie qui ne lui laissa pas « un moment de libre, » ne ramenèrent pas le

(1) A Mᵐᵉ Denis, novembre 1750.
(2) T. 1, pp. 126-27.
(3) *Mém.* de Saint-Simon, t. XII, pp. 300-302.

fils à des sentiments meilleurs. Surpris, à Paris, par la petite
vérole, à laquelle, huit ans auparavant, il avait arraché Voltaire
à Maisons, « il se crut mort; il pensa à ce qu'il avait méconnu
toute sa vie; mais la frayeur qui le tourna subitement à la mort
ne lui laissa plus de liberté, et il mourut de la sorte, dans sa
trente-troisième année, le 13 septembre 1731, laissant un fils
unique, qui, au milieu d'une troupe de femmes qui ne le per-
daient jamais de vue, tomba d'entre leurs bras, et en mourut
en peu de jours à dix-huit mois, un an après son père, dont
les grands biens allèrent à des collatéraux. — Je n'ai pu, con-
clut Saint-Simon, refuser cette courte remarque à une si rare
impiété. »

Précurseurs de la *Morale indépendante!*

Passons aux amies de Voltaire. — Autre révélation, autre
page instructive de son effrayante vie.

Sans parler des comédiennes, des Ninon, des Livry et des
Clairon, nous rencontrons partout, sur le passage de Voltaire,
des femmes de la noblesse, qui semblent taillées tout exprès
pour le grand homme. Même cynisme, même dévergondage,
même impudeur, dans des sexes différents. *Qui se ressemble,
s'assemble!*

Nous avons Mme De Fontaine-Martel qui avait pour principe
que « quand on avait le malheur de ne plus pouvoir se prosti-
tuer, il fallait favoriser la prostitution des autres. »

Mme la Présidente de Bernières, fort gourmande et fort
galante, — comme toutes les amies de Voltaire, — de l'aveu de
Voltaire lui-même :

« *Aimez moins et mangez moins, Madame; l'école de Salernes
ne saurait vous donner de meilleur conseil.* »

Nous avons déjà dit que Voltaire se fit mettre à la porte par
le Président de Bernières, lequel ne voyait pas de bon œil ce
poète qui lui mangeait son bien et qui lui débauchait sa femme.

La Clairon : elle a été assez finement touchée par Fréron ; grief que **Voltaire** ne lui pardonnera jamais.

« Les talents les plus rares, ou regardés comme tels, n'effacent pas *l'opprobre d'une vie dissolue*. On peut accorder quelque estime au jeu théâtrale de la comédienne ; mais *le sceau du mépris est toujours empreint sur sa personne*. C'est en vain qu'après avoir acquis *une honteuse célébrité* par le vice, on affecte un maintien grave et réservé. Cette honnêteté tardive et fausse ne sert qu'à former un contraste révoltant avec *l'histoire connue d'une jeunesse infâme* ; et je ne sais si l'on n'aimerait pas mieux *qu'une créature de cette espèce* se montrât constamment ce qu'elle a été, que de paraître ce qu'elle n'est pas. La franchise du libertinage est moins choquante, en effet, que la marque hypocrite de la dignité » (1).

C'est dur, mais c'est bien appliqué ! (2)

Mme Denis, sa nièce, sa ménagère, sa commensale et sa..... comment la peindre ? Appelons le pinceau de Juvénal-Veuillot à notre aide :

Une autre vautrée, plus répugnante en dépit de l'impossible, sa fameuse nièce, Mme Denis, laide et épaisse commère, partout moquée, le tient sous un joug encore plus dur, le compromet dans mille embarras grotesques, lui mange de l'argent et lui dit son fait, en attendant

(1) *Année litt.*, 1765, t. III, p. 156.
(2) Voltaire se vengeait par des épigrammes. Il avait fait faire une estampe, représentant un âne qui brait en regardant une lyre suspendue à un arbre, avec cette légende :

Que veut dire
Cette lyre ?
C'est Melpomène ou Clairon
Et ce monsieur qui soupire.
Et fait rire,
N'est-ce pas Martin Fréron ?

Celle-ci est plus connue :

L'autre jour, au fond d'un vallon,
Un serpent mordit Jean Fréron.
Devinez ce qu'il arriva !
Ce fut le serpent qui creva.

son héritage qu'elle voit mûrir sans la moindre douleur. S'il peut sembler que Voltaire ait machinalement aimé quelqu'un, c'est cette gaupe; elle le domine par l'épouvante qu'il a et qu'elle lui connaît de se trouver seul avec lui-même (1).

Les traits sont ressemblants, mais incomplets (2). L. Veuillot oublie de constater qu'elle se vendait au plus offrant. Dans un de ses jours de colère, Voltaire lui adressa ce quatrain flatteur :

> Si par hasard, pour argent ou pour or,
> A vos boutons vous trouviez un remède,
> Peut-être vous seriez moins laide,
> Mais vous seriez bien laide encor!

Passons à l'*Immortelle Émilie*, Mme la marquise du Châtelet, avec laquelle Voltaire vécut quinze ans, dans un commerce adultère ostensible, la traînant après lui de château en château; — ce qui révèle, en passant, la corruption générale du siècle. — La marquise mourut, à la suite de couches, fruit d'un commerce encore plus odieux, sinon plus coupable, avec le poète Saint-Lambert : le tout au vu et au su de Voltaire, et avec la complicité du marquis, auquel on avait tendu un piège infâme.

Il y a, sur ce point, dans M. Maynard, deux passages que nous n'osons pas reproduire, tellement ils sont ignobles. Et pourtant ils sont instructifs. Oui, le scalpel doit aller jusque là; oui, plus ces plaies sont horribles et gangrenées, plus il importe au moraliste austère, à l'historien véridique de les analyser. C'est à ce titre que M. l'abbé Maynard les cite. En ce qui nous concerne, nous confessons que le dégoût nous a pris à cette lecture. Nous avons rejeté le livre; et pourtant, nous ne saurions faire aucun reproche à l'historien pour ces citations.

(1) *Univers,* oct. 1867, art. cité.
(2) Voir MAYNARD, t. II, pp. 43, 191 et 227 des détails très-intéressants et très-circonstanciés.

Après coup, nous avons reconnu qu'il nous avait rendu un véritable service. Sans cette révélation repoussante, en dépit de tout le reste, nous ne connaîtrions pas encore Voltaire (1).

Parlons néanmoins un peu de la belle Émilie. D'abord, sa silhouette par L. Veuillot, qui excelle dans ce genre :

Sa belle Émilie, odieux bas-bleu, avec laquelle il échangeait en anglais des injures ordurières que n'eussent pu supporter les laquais témoins de leurs querelles, cette grande et « vertueuse » Émilie, si adulée en vers de dix pieds rembourrés de tant de misérables étoupes, femme vraiment abominable, supérieure à lui néanmoins par la vigueur du caractère, le nourrit assidûment des plus aigres potions de Georges Dandin ; il enrage, et ce qui manque à la comédie de Molière, elle l'oblige de convenir en bon philosophe *qu'ainsi le veut la nature* et qu'elle a bien raison. Ce malheur lui fut ordinaire, il ne s'en accommoda jamais (2).

On ne saurait dire plus proprement des choses qui ne le sont pas du tout.

Maintenant, son portrait par elle-même. Elle se peint au vif, dans un *Traité sur le Bonheur :*

« Il faut, dit-elle, pour être heureux, s'être défait des *préjugés* (nous verrons plus bas ce que veut dire ce mot), être *vertueux* (id), se bien porter, avoir des goûts et des passions, être susceptible d'illusion...... Il faut commencer par se bien dire à soi-même et par se bien convaincre que *nous n'avons rien à faire en ce monde, qu'à nous y procurer des sensations agréables. Les moralistes qui disent aux humains : « Réprimez vos passions et maîtrisez vos désirs, si vous voulez être heureux, « ne connaissent pas le chemin du bonheur. »* — Mais

(1) MAYNARD t. I, p. 454, et suiv. — ID., p. 462. M. Maynard peut se donner plus de latitude que nous ; son livre n'est ni à la portée de toutes les bourses, ni de tous les esprits. C'est, avant tout, un ouvrage de bibliothèque, et que fort peu liront, en dehors des hommes sérieux. Nous visons, au contraire, à faire une brochure populaire qu'on puisse mettre entre les mains de tout le monde.

(2) *Univers*, art. cité.

parmi ces conditions, il en est qui ne dépendent pas de nous, comme d'être susceptible d'illusion et de se bien porter, ou qui sont souvent inconciliables, comme le plaisir et la santé. La gourmandise, par exemple, donne la goutte et des maux d'estomac. « Entre le mal et le plaisir, il faut choisir, et laisser le plaisir, si la douleur est plus vive. » Mais il y a des malades, des cacochymes que tout incommode : — « Ils ont d'autres espèces de bonheur : avoir bien chaud, bien digérer leur poulet, *aller à la garde-robe* est une jouissance pour eux! »

Ce n'est plus de l'épicuréisme, ce n'est plus même du cynisme, comme observe M. Maynard : c'est de la bestialité fétide.

La pratique, chez la dame, était en rapport avec la théorie (1). Sa vie pourrait se résumer en deux mots : vingt-cinq ans d'adultère! Par son impudeur, elle descendait au-dessous des femmes les plus perdues..... (2).

Nous avons le type de la femme philosophe, de la femme de la *morale indépendante*. Plus le moindre *préjugé*, comme on voit. C'est là celle que Voltaire appelle

Minerve de la France, immortelle Émilie.

Cette femme avait pourtant l'intelligence très-cultivée, une

(1) MAYNARD, t. I, p. 214.
(2) Les *Mémoires de Longchamps*, confirmés par d'autres témoignages, fournissent plusieurs détails que M. MAYNARD résume et cite, t. II, p. 214. Ici encore, force nous est de nous taire. Nous avions cru pouvoir produire ces pièces justificatives, dans un auditoire exclusivement composé d'hommes, lors de notre *Conférence* de Namur. On a regretté ces citations, tellement elles font mal. Si elles sont instructives, elles sont abominables. — Nous avions cru nécessaire de les donner, après M. l'abbé Maynard; mais ici, encore une fois, on nous a objecté que faisant une brochure *populaire*, nous devions user de la plus grande prudence envers nos lecteurs. Ces conseils nous paraissent trop sages pour que nous ne nous y rendions pas avec empressement. (Voir *Mémoires de Longchamps*, t. II, pp. 119, 120, 126.)

aptitude aux sciences abstraites très-remarquable; elle a poussé très-loin ses études géométriques. Preuve que science et morale sont des choses bien distinctes. En l'école de la demoiselle Gatti de Gamond, à Bruxelles, où on élève la jeunesse féminine conformément aux principes de l'athéisme, c'est-à-dire où, sous prétexte de *liberté de conscience,* on défend aux petites filles de commencer la classe en faisant le signe de la croix, nous craignons fort de voir une pépinière d'où sortira plus d'une Émilie.

Après celle-là, on peut tirer l'échelle. Il y a bien encore Mme Defontaines, mais celle-ci appartient plutôt à la lubricité sénile de Voltaire.

L'immoralité de Voltaire se révèle partout, comme ses mensonges. Il faudrait lire encore M. Maynard, t. I. p. 93 et 94, à propos de Melle Livry, ce que Voltaire entend par *se passer des bagatelles;* une autre page, t. II. p. 130, 31, rapportant un épisode de l'arrestation héroï-comique de Francfort, où Voltaire avait imaginé, pour échapper à ses gardes, de commettre un attentat à la pudeur d'une femme!

Il y a encore l'espionnage diplomatique qu'il faisait à la Haye, au profit de la France, par l'intermédiaire d'une femme adultère, dont il favorisait l'adultère. Elle lui fournissait des copies d'actes importants, et Voltaire ne rougit pas de le confesser en ces termes. « J'envoyais ces copies à la cour, *et mon* SERVICE *était très-agréable* » (1).

Il appelle cela un *service!* (2)

Quant à Catherine de Russie, appartient-elle à Voltaire immoral, ou à Voltaire courtisan, ou à Voltaire traître à sa

(1) MAYNARD, t. I, p. 392.
(2) Il doit y avoir un autre mot, mais il n'est pas usité dans le langage des honnêtes gens.

patrie, ou à Voltaire impie? Nous croyons qu'elle appartient à Voltaire tout entier, dans l'ensemble de ces traits odieux.

Catherine, renouvellant les scènes de Messaline, après s'être baignée dans le sang de son époux, meurtrière du prince Ivan, il l'appelait *sa Sainte! son Étoile! sa Boussole!* Il la mettait en parallèle avec la vierge Czentokowa, et il va de soi que la reine dévergondée était préférée à la Mère du Christ.

III.

LUBRICITÉ SÉNILE ET CONCLUSION.

Il faut, pour clore cette galerie écœurante et déjà beaucoup trop longue, dire un mot de la dépravation sénile de Voltaire. *Turpe senilis amor*, dit l'adage. Chez Voltaire, ce n'était pas même de l'amour; mais un affreux raffinement dont le véritable nom nous échappe.

Ainsi Grimm raconte (1) qu'à Ferney, pour varier ses plaisirs, le moraliste avait fondé un haras, dans lequel il logea une douzaine de juments et un étalon. Il en résulta des scènes d'une indécence intraduisible, auxquelles le hideux vieillard forçait d'assister tous ses visiteurs, et de préférence les femmes et de toutes jeunes filles. — Et il riait aux éclats de leurs embarras ou de leur impudeur.

Et ceci est confirmé par le détail suivant. — Huber, qui excellait à découper des profils, en fit une découpure qu'il envoya à Paris, pour associer les salons philosophiques aux sales plaisirs de Ferney.

Ceci nous rappelle que l'*Indépendance belge*, dans un feuilleton du 6 août 1854, accuse le livre de M. L. Nicolardot :

(1) GRIMM. *Corr. litt.*, août 1764, t. IV, p. 177.

Voltaire et son ménage, de renfermer des attaques « *à la sainteté de la vie privée* » du philosophe.

A Ferney, séjourna temporairement Mme Defontaines, autre nièce de Voltaire. Cette particulière excellait à dessiner au pastel et ne peignait pas mal. Elle était la pourvoyeuse des plaisirs lubriques des yeux de son oncle. Elle peignait pour lui des nudités, qu'il étalait dans tous les salons de Ferney. Nous en avons des preuves surabondantes, mais entre autres deux lettres de Voltaire, adressées à cette excellente et virginale Mme Defontaines.

« *Amusez-vous toujours à peindre de beaux corps nus, en attendant que le docteur Tronchin rétablisse....* (1) *le vôtre* (2). »

« *Votre idée de faire peindre de belles nudités d'après Natoire et Boucher*, POUR RAGAILLARDIR MA VIEILLESSE, *est d'une âme compatissante, et je* SUIS RECONNAISSANT DE CETTE BELLE INVENTION. *On peut faire copier au Palais-Royal ce qu'on trouvera de plus beau et* DE PLUS IMMODESTE » (3).

Il avait alors 63 ans (4).

Et comment le trouvez-vous, lui qui se faisait remettre par ses paysans, aux grands jours, des prémices des champs, « et de jeunes colombes, *emblème de son âme* » (5).

Cette étude resterait incomplète, sans un aperçu de *la Pucelle*. Mais comment aborder ce sujet et qu'en dire? Voltaire

---

(1) La citation n'est pas complète; mais nous la mutilons par respect pour le lecteur.

(2) A Mme Defontaine, 8 janvier 1756.

(3) A la même, juin 1757.

(4) « *Je ne suis qu'un polisson!* » disait Voltaire de lui-même, en se comparant à Racine. Cette exclamation reçoit ici une application très-générale. « *Je ne suis qu'un polisson!* » tel est le *mea culpâ* qu'il aurait pu faire pendant tout le cours de sa honteuse vieillesse, lui qui écrivait entr'autres que « à proportion qu'on avance en âge, le temps ne saurait être mieux employé *qu'à faire des polissonneries.* »

(5) Le mot est de Voltaire.

y a travaillé pendant 30 ans; il s'y est complu; il s'est vautré dans cette bourbe immonde. « *Malade ou triste, c'est* **Jeanne** *qu'il demandait* » au témoignage de Wagnières, son secrétaire, qui ne croit pas faire tort à son maître en rappelant ce détail dans ses mémoires. *La Pucelle,* c'est la condamnation irrévocable de Voltaire. Ce n'est pas un péché de jeunesse, surtout pas un crime passager; c'est la véritable révélation de la corruption de son âme.

Trente ans : c'est ce que M. Havin appelle *un écart du génie!*

Voltaire cynique, Voltaire auteur de *la Pucelle*, a été l'objet de bien des flétrissures, — toutes méritées. En voici une que les apologistes ne récuseront pas. Elle est d'un de leurs hiérophantes, d'un humanitaire peu suspect de jouer le jeu des catholiques, de Victor Hugo. Dans les *Rayons et les Ombres*, l'auteur des *Misérables* nous fait voir une toute jeune fille dans sa mansarde, jeune, belle, pure encore, avec toutes les naïvetés, toutes les grâces de l'innocence. Elle va mettre la main sur un mauvais livre, et ce livre, ce ne peut être que *la Pucelle* :

> Plein de ces chants honteux dégoût de la mémoire,
> Un vieux livre est là-haut, sur une vieille armoire,
> Par quelque vil passant dans cette ombre oublié :
> Roman du dernier siècle, *œuvre d'ignominie.....*
> Voltaire alors régnait, *ce singe de génie* (1).
> *Chez l'homme en mission par le diable envoyé.*
>
> Frêle barque assoupie à quelques pas d'un gouffre !
> Prends garde, enfant, cœur tendre, où rien encor ne souffle !
> O pauvre fille d'Ève, ô pauvre jeune esprit !
> *Voltaire, le serpent, le doute, l'ironie,*
> Voltaire est dans un coin de ta chambre bénie !
> Avec son œil de flamme, il t'espionne et rit !

(1) « *Singe de génie* est une expression un peu ample, observe L. VEUILLOT. *Génie de singe,* si la prosodie le permettait, conviendrait mieux. » — Nous proposons humblement, pour concilier tous les intérêts, et faute de mieux, « *ce singe* DU *génie.* »

O tremble! — *ce sophiste a sondé bien des fanges!*
O tremble! — *ce faux sage a perdu bien des anges!*
Ce démon, noir milan, fond sur les cœurs pieux,
Et les brise, et souvent, sous ses griffes cruelles,
Plume à plume j'ai vu tomber ces blanches ailes
Qui font qu'une âme vole et s'enfuit dans les cieux!

La Pucelle, pas d'ouvrage que Voltaire ait entrepris avec plus d'ardeur naturelle, couvé, choyé plus longtemps et avec plus de soin et d'amour (1).

Enfin, Voltaire s'est rendu justice à lui-même; il a décerné à *la Pucelle* le véritable nom qui lui revient en la taxant d'*infamie.* Nous croyons ne pouvoir mieux conclure ce chapitre qu'en reproduisant ici le texte, déjà cité, de la lettre adressée par Voltaire, le 2 août 1755, au premier syndic de Genève :

« *Je fus* SAISI D'HORREUR, *à la vue de cette feuille qui* INSULTE *avec autant d'insolence que de platitude* A TOUT CE QU'IL Y A DE PLUS SACRÉ. *Je dis que ni moi, ni personne de ma maison, ne transcrirons jamais* DES CHOSES SI INFAMES... *Ni vous, Monsieur, ni le Magnifique Conseil, ni aucun membre de cette république, ne permettra des* OUTRAGES ET DES CALOMNIES SI HORRIBLES, *et en quelque lieu que soit Grasset, j'informerai les magistrats de son entreprise, qui* OUTRAGE ÉGALEMENT LA RELIGION ET LE REPOS DES HOMMES » (2).

Si cela démontre, après tout le reste, que Voltaire est bien « *le bon sens français s'exprimant dans la langue la plus pure,* » cela ne prouve pas précisément en faveur de sa moralité. C'est tout ce que nous vous avons voulu démontrer.

---

(1) MAYNARD. Voir tout le chap. t. II, pp. 214 à 223.
(2) Et en 1762, Voltaire donnait lui-même l'édition officielle de *la Pucelle.* C'est qu'alors il croyait n'avoir plus rien à craindre.

CHAPITRE IV.

VOLTAIRE IMPIE.

L'impiété de Voltaire se révèle surtout dans ses écrits. Elle est flagrante. A l'exception de son théâtre et d'un certain nombre d'ouvrages en vers, tous ses livres constituent une attaque, variée dans ses formes, mais incessante, mais implacable, non-seulement contre la religion catholique, mais encore contre N.-S. Jésus-Christ, contre Dieu lui-même. Voltaire n'est pas même déiste; pour qui sait lire, il est athée. Et si nulle part il ne fait une profession explicite d'athéisme, son athéisme n'en ressort pas moins clairement et logiquement de ses principes.

Donc, pour bien apprécier Voltaire impie, il faut nécessairement recourir à ses livres. Mais la conviction peut s'établir sur quelques textes bien concluants.

Nous pourrions nous contenter de la guerre qu'il a faite à l'*Infâme*, guerre qui dura trente ans, ou plutôt toute sa vie; mais il est bon, cependant, de mettre en relief quelques autres circonstances.

Il commença jeune. Son parrain, l'abbé de Châteauneuf, lui apprit des blasphèmes pour exercer sa mémoire.

Nous connaissons les vers qu'il fit sur sa mère, à quinze ans.

Le *Temple* et l'épicuréisme des Chaulieu ne contribuèrent pas peu à ébranler ses principes, déjà si peu solides. Immoralité et incrédulité font cercle, dit le P. Gratry ; le commencement est où l'on veut.

L'Angleterre systématisa l'incrédulité de fait de l'auteur des *Lettres philosophiques.* Il y arriva, sous les auspices de *Bolingbroke,* son plus mauvais génie, « l'homme qui a laissé en lui l'impression la plus profonde et la plus durable (1). »

Ce n'est certes pas à la cour de Frédéric-le-Grand, de *Luc,* du roi-*philosophe* qu'il reçut des notions plus correctes sur les devoirs de l'homme envers son Dieu. La vie qu'on menait dans cette « *Potsdamie* » était propre tout au plus à faire retomber au-dessous du paganisme des chrétiens du XVIIIᵉ siècle.

Nous avons parlé de la situation des esprits en France. Là aussi, au sortir du grand siècle des Bossuet, des Racine et des Fénelon, on se préparait, par l'irréligion, aux grandes saturnales, aux réparations sanglantes de la révolution. Ce n'est pas Voltaire seul qui a fait le triste XVIIIᵉ siècle, tel que celui-ci est devenu. Le XVIIIᵉ siècle a fait en partie Voltaire, et Voltaire, à son tour, a rendu son siècle plus mauvais encore qu'il ne l'avait reçu. C'est la seule circonstance atténuante qu'on puisse invoquer en sa faveur (2). Dans un siècle moins incroyant et moins immoral, l'œuvre de Voltaire devenait impossible. Voltaire restait toujours un mauvais génie, une âme basse, un talent corrupteur ; l'homme est libre, et ce serait prêcher le fatalisme que soutenir que l'écrivain est nécessairement le résultat, le produit du milieu dans lequel il vit. — Voltaire, sous Louis XIV, aurait pu faire tout au plus un Théophile ; mais quel ressort dans l'opinion, quels coups de levier,

---

(1) MAYNARD.

(2) « Non, Voltaire n'a pas fait son époque au point que l'on se figure. S'il l'a résumée mieux que personne, il lui doit bien autant qu'il lui a donné. L'homme et le siècle se complètent l'un l'autre ; ils sont quittes. » (A. Longhaye.)

pour le hisser sur le piédestal infâme sur lequel ses contemporains finirent par le porter en triomphe, à Paris, quelques
semaines avant sa mort, en criant dans les rues, pour qu'on ne
se méprît pas sur la portée de leur enthousiasme insensé :
« *Vive l'auteur de la Pucelle!* »

Ferney fut le refuge où Voltaire alla se recueillir, pour
distiller à l'aise les venins de l'impiété qu'il avait ramassés
partout sur la route de sa déplorable vie. A Ferney, Voltaire
vit sur ses richesses acquises, sur son propre fonds. Il ne fait
plus d'emprunt, il est lui-même; il est le vrai Voltaire, tel qu'il
se révèlera pendant vingt-trois années encore. Aussi est-ce alors
seulement qui commence sérieusement la lutte qui a pour but
d'écraser l'*Infâme*. C'est de ce Ferney que date l'*Encyclopédie*,
qu'il appelait son *Portatif*, pour indiquer combien cette œuvre
lui était chère, familière; pour bien montrer qu'il y avait mis
toute son âme philosophique, comme dans *La Pucelle* il avait
mis tout son cœur corrompu.

Le Franc de Pompignan, un contemporain du Patriarche,
a prononcé, dans son discours d'ouverture à l'Académie, faisant allusion aux œuvres de Voltaire, un jugement qui nous
a frappé, parce qu'il reste encore aujourd'hui d'une saisissante
vérité.

Dans l'énumération des monuments du prétendu siècle des
lumières, il s'écria : « Ici, ce serait une suite immense de
libelles scandaleux, de vers insolents, d'écrits frivoles ou
licencieux; là « *dans la classe des philosophes*, se verrait un
long étalage d'opinions hasardées, *de systèmes ouvertement
impies*, ou *d'allusions directes contre la religion*..... Tout en un
mot, dans ces livres multipliés à l'infini, porterait *l'empreinte
d'une littérature dépravée, d'une morale corrompue et d'une
philosophie altière, qui sape également le trône et l'autel.* »

Nous ne saurions pas mieux dire. Oui, l'œuvre de Voltaire
a sapé également « le trône et l'autel, » mais surtout l'autel.

I.

LA RELIGION DE VOLTAIRE.

Il serait bien difficile de définir la religion ou plutôt l'irréligion du Patriarche. Ici encore mieux vaut le laisser parler.
En vain les apologistes citent partout son vers :

> Si Dieu n'existait pas, il faudrait l'inventer ;

Ce vers n'a qu'une valeur de commande, une valeur de circonstance, puisque du même Voltaire sont les propositions suivantes :

« *Tout, dans l'univers, est soumis à l'aveugle empire du
destin* (1). »

« *Dieu n'a pas daigné, que je sache, se mêler de notre conduite* (2). »

Or, qu'est-ce qu'un Dieu qui n'a aucune espèce d'action sur
son œuvre? Moins que rien ; un mot sonore et vide, une abstraction.

Le Patriarche admet un Dieu, à ses heures, ne fut-ce que
pour manger ses rentes en paix « en digne seigneur châtelain, »
et pour ne pas être mangé par les gens qui auraient intérêt à
le faire (3).

Voltaire n'est donc pas catholique ; il n'est pas davantage

(1) *Dictionnaire philosophique*, art. *Destin.*
(2) *Métaphysique.*
(3) « Je veux que les princes et leurs ministres reconnaissent un Dieu et même
un Dieu qni punisse et qui pardonne. Sans ce frein, je les regarderai comme *des
animaux féroces, qui certainement me mangeront quand ils auront faim.* »
(A Villevieille, 26 août 1768. — Ailleurs il exprime, en ter.: es très-vifs, sa crainte
d'être « *pilé dans un mortier.* » par des amis athées, si ceux-ci avaient intérêt à
le faire.

chrétien, puisqu'il a écrit : « *Tout homme sensé, tout homme de bien doit avoir la secte chrétienne en horreur* (1). »

Puisqu'il a dit : « *Origène est le premier qui donna vogue au* GALIMATIAS DE LA TRINITÉ (2). »

Puisqu'il a dit : « *Notre religion est sans contredit la plus ridicule, la plus absurde et la plus sanguinaire qui ait jamais infecté le monde.* »

Et son incrédulité était si notoire déjà de son vivant, que, dans une lettre où il l'appelle « *le grand homme du siècle* » l'évêque d'Annecy lui dit : Vous n'ignorez pas que tous les incrédules de notre siècle se glorifient de vous avoir pour leur chef (3). »

Croyait-il davantage à l'immortalité de l'âme ? Quelques textes suffiront pour nous édifier complètement.

« *Je voudrais vous voir avant de rendre mon corps et mon âme aux quatre éléments* » (4).

« *Nous pensons par la tête, comme nous marchons par les pieds* » (5).

« *Il y a longtemps que je regarde l'électricité comme le feu élémentaire qui est la source de la vie* » (6).

« *S'il y a* UNE PREUVE CONTRE L'IMMORTALITÉ DE L'AME, *c'est cette maladie du cerveau. On a une fluxion sur l'âme comme sur les dent* » (7).

(1) *Examen de milord Bolingbroke.*
(2) *Examen important* p. 136. Il est vrai que, dans le *Traité de la Tolérance* p. 71 le même Voltaire dit : « *Origène ma la Divinité!* » — Quel tissu de contradictions, — Au reste si on veut avoir la mesure de la force de Voltaire en matière d'histoire religieuse, voici un texte : « *Jésus-Christ cacha à ses contemporains qu'il était fils de Dieu — consubstantiel à son père.* » Lequel l'emporte, de l'ignorance crasse, ou du mensonge systématique ou de l'impiété ? — Ce texte se trouve au *Dict. phil.* art. christianisme et religion.
(3) Lettre du 2 mai 1768.
(4) A d'Alembert, 8 mai 1761.
(5) A Mme du Deffant, 10 avril 1772.
(6) Au Comte de Tressan, 17 mars 1776.
(7) A d'Alembert, 29 août 1757.

« *Je prie l'honnête homme qui fera* Matière (dans l'*Encyclopédie*), *de bien prouver que* LE JE NE SAIS QUOI QU'ON NOMME MATIÈRE, PEUT AUSSI BIEN PENSER QUE LE JE NE SAIS QUOI QU'ON NOMME ESPRIT » (1).

Enfin, lui qui écrivait à Cathérine II : « *Je crois la nature capable de tout* (2). » Il établissait en ces termes tout son système de grossier matérialisme : « *Il est bien certain qu'un lion mort ne vaut pas un chien vivant; qu'*IL FAUT JOUIR ET QUE TOUT LE RESTE EST FOLIE » (3).

Et dire que c'est le même homme qui écrivait à l'abbé Rothelin : « *Le stoïcisme ne nous a donné qu'un Epictète, et la phiosophie chrétienne forme de millions d'Epictètes, qui ne savent pas même qu'ils le sont, et dont la vertu est poussée jusqu'à ignorer leur vertu même.* »

Jamais nous n'avons mieux compris cette pensée de Larochefoucault : « L'hypocrisie est un hommage que le vice rend à la vertu. »

Cet homme sans religion ni mœurs, dont l'œuvre n'a été qu'un long ricanement contre Dieu, poussait l'impudeur jusqu'à écrire ceci, en 1778 : « *Nous arrivons à la terre promise, mais je ne la verrai pas. Je meurs; j'ai quatre-vingt-quatre ans, quatre-vingt quatre entreprises accablantes pour un pauvre vieillard, et quatre-vingt-quatre maladies qui m'épuisent. Jouissez, mes amis, du spectacle que j'ai préparé pendant soixante ans, et auquel je ne puis assister avec vous. Je m'éteins, mais je peux dire en mourant, comme le vieux Lusignan :*

Mon Dieu, j'ai combattu soixante ans pour ta gloire!

(1) A d'Alembert, juillet 1757.
(2) 18 nov. 1771.
(3) A Frédéric, le 22 déc. 1772. Remarquons combien cette doctrine est identique avec celle professée par Mme la Marquise du Châtelet, dans son *traité sur le Bonheur*, que nous avons cité au chap. *Voltaire immoral.*

Il est beau, le champion de Dieu ! — C'est pour la gloire de Dieu, sans doute, qu'il a dit :

« Les prêtres ne sont pas ce qu'un vain peuple pense.
« Notre crédulité fait toute leur science,

Et aileurs :

« Qui conduit des soldats peut gouverner des prêtres. »

A Paris, vers 1750, il songeait déjà à écraser l'*Infâme*, dont il n'avait pas encore trouvé le nom. Il écrivait à son ami Cideville « *qu'il se promettait bien de couvrir le bruit des cloches avec sa lyre.* »

Sa lyre est bien muette aujourd'hui, et les cloches sonnent toujours. Elles sonneront longtemps encore les funérailles des *philosophes* de la trempe de Voltaire. Depuis l'époque où « le Galiléen creusait un cercueil, » combien qui sont tombés entre les mains du Dieu vivant (1) !

Voltaire a été le précurseur de tous nos libéràtres et de nos libres-penseurs modernes ; nous le voyons faire de la *morale indépendante* et *profaner les cimetières* ; même, nous avons aussi un Voltaire *solidaire*, témoin ce passage d'une lettre, où il prenait la précaution de protester d'avance contre la réception des Sacrements à l'article de la mort :

« *Ce n'est pas la mort, c'est l'appareil de la mort qui est horrible, c'est* LA BARBARIE DE L'EXTRÊME-ONCTION..... *On dit quelquefois d'un homme : il est mort comme un chien ; mais* VRAIMENT, UN CHIEN EST TRÈS-HEUREUX DE MOURIR SANS TOUT CET ATTIRAIL *dont on persécute le dernier moment de notre vie* » (2).

_____

(1) Dans ses *Eléments de Newton* il s'est appliqué surtout à ce qu'on appelait à cette époque : « *soulager Dieu ;* » c'est-à-dire à éliminer le Créateur de son œuvre et à le remplacer par je ne sais quelles forces aveugles de la nature.

(2) A Mme du Deffant, 9 mai 1764.

Morale indépendante :

Soyez juste, il suffit, le reste est arbitraire.

Profanation de cimetière. C'était à Ferney. Le *philosophe* avait bouleversé le cimetière, parce qu'il contrariait les plans de son château. Les autorités lui intentèrent des poursuites. Voltaire furieux : « *La belle affaire! Quelques os de morts dérangés dans un cimetière, ou plutôt deux côtelettes de mouton qu'on avait prises pour des os de morts déterrés.* »

Dans sa nouvelle église de Ferney, rebâtie par lui, avec l'inscription : DEO EREXIT VOLTAIRE, il avait fait faire un Christ sans croix, dans les traits duquel on reconnaissait ceux du Patriarche.

Voltaire parjure.
C'est dans l'affaire du libelle *Akakia.* Voltaire avait écrit la brochure, il l'avait imprimée en dépit de la défense formelle du roi, au moyen d'un subterfuge bien digne de son esprit fourbe et rusé. Le roi sait tout et fait un éclat. Voltaire s'écrie :
« *Ah! mon Dieu, Sire, dans l'état où je suis!* JE VOUS JURE *encore sur ma vie, à laquelle je renonce sans peine, que c'est une calomnie affreuse. Je vous conjure de faire confronter tous mes gens. Quoi! vous me jugeriez sans m'entendre! Je demande justice et la mort.* »
Et le lendemain, réduit par l'évidence, Voltaire avoue tout! Il livre l'édition, qui est brûlée sous ses yeux, dans la chambre du roi (1).

(1) MAYNARD. T. II. p. 88 et suiv.

II.

AUTRES PIÈCES JUSTIFICATIVES.

Quelques textes encore au hasard, sur les ministres de la religion et sur la religion elle-même.

« *Il vaut mieux, après tout, brûler un prêtre que d'ennuyer le public* » (1).

Ailleurs il dit des prêtres que ce sont « *des bêtes puantes qui auraient été mieux à une mangeoire qu'à un autel.* »

Sur les jésuites : « *Tous ces animaux-là, qu'en faire? — Il faudrait les faire travailler aux grands chemins, avec un collier de fer au cou, et qu'on donnât l'intendance de l'ouvrage à quelque brave et honnête déiste, bon serviteur de Dieu et du roi.* »

Sur les moines et les couvents : « *Que servirait d'avoir exterminé les jésuites, si l'on n'exterminait tous les moines, qui ne valent pas mieux que ces faquins de Loyola, qui sont perdus pour l'État, qui dévorent la terre dont ils sont le fardeau.* »

Comment le trouvez-vous, l'apôtre de la tolérance?

A Mme De Fontaines, 1761 :

« *Je m'amuse à chasser les jésuites d'un terrain qu'ils avaient usurpé, et à tâcher de faire envoyer aux galères, un curé de leurs amis. Ces petits amusements sont nécessaires à la campagne; il ne faut jamais être oisif.* »

---

(1) A Cideville, 20 sept. 1735, à propos de Des Fontaines. Voici un autre trait de caractère, à propos du même Des Fontaines. Dans les premières éditions de l'*Ode sur l'Ingratitude*, il y avait quelques strophes infamantes, à l'adresse de l'abbé. On le fit observer à Voltaire, et on lui fit comprendre que non-seulement il dépassait le but, mais encore qu'il avait l'opinion publique contre lui. Voltaire ôta les strophes les plus mauvaises, dans le manuscrit de l'édition suivante; mais bientôt il se repentit de cet excès de générosité. Il remit les strophes et dit, pour se justifier : « *Il vaut mieux gâter Des Fontaines que mon ode.* »

Ailleurs, il y a une expression dégoûtante, que nous hésitons à reproduire. Les prêtres, qu'il appelle les *fanatiques* sont « *tous pétris de la même m...., détrempée de sang corrompu!* »

Si c'est là « *le bon sens français s'exprimant dans la langue la plus pure*, ce n'est assurément pas *dans la langue la plus propre.* »

Voltaire avait écrit sa pièce sur *les Guèbres* ou *la Tolérance*. D'Argental, un ami, peu sympathique aux prêtres, lui avait demandé quelques adoucissements sur « *la prétraille.* »

« *Impossible*, répondit l'auteur, *la pièce n'étant fondée que sur* L'HORREUR QUE LA PRÉTRAILLE INSPIRE. »

Deux mots sur Catherine II, *sa Sainte, son Étoile, sa Vierge*, déjà citée.

Il la plaisante quelque part sur son nom, tout en l'accablant de louanges outrées. Il lui en voulait, parce qu'elle s'appelait Catherine. « *Les héroïnes d'autrefois ne prenaient point de noms de saintes.* »

« En effet, dit M. Maynard, pour cette *impure*, pas de nom propre plus impropre que le sien. »

Ailleurs, apprenant une victoire : « *Je suis* CATHERIN, *Madame, et je mourrai* CATHERIN. » .... « *Quand j'ai reçu cette bonne nouvelle, j'ai sauté de mon lit, en criant : « Allah! Catherina!* » *et j'ai chanté : «* TE CATHARINAM LAUDAMUS, TE DOMINAM CONFITEMUR. »

Et c'est le même homme qui menaçait de « mettre le *Tantum Ergo* en rimes croisées, » pour se justifier de ses communions sacriléges auprès des philosophes (1).

---

(1) Ce serait le moment ici de parler de Voltaire mauvais patriote, de Voltaire, traitre à sa patrie. Mais ce sujet est trop vaste et trop important, pour être traité incidemment. Il faudrait lui consacrer un chapitre spécial; il faudrait aussi s'étendre sur l'attitude de Voltaire, lors du partage de la Pologne. Dans notre travail, tel que nous l'avons conçu, ces traits de la physionomie voltairienne, bien que du

Un dernier trait, pour la bonne bouche :

« *J'estime fort Notre-Dame de Czentokowa; mais j'aurais donné, dans mon pélérinage, la préférence à* Notre-Dame de Petersbourg. *Je n'ai plus qu'un souffle de vie, je l'emploierai à vous invoquer, en mourant,* comme ma sainte, et la plus sainte assurément que le nord ait jamais portée. »

Cela ne rappelle-t-il pas le déicide, préférant le voleur Barrabas à N. S. Jésus-Christ?

L'INFAME !

Il faut conclure ce chapitre par l'*Infâme.* Tout ici est instructif et affreux. Écraser l'infame, tel est le cri de guerre, la devise de Voltaire. Et il importe qu'on se persuade que par l'*Infâme,* Voltaire n'entendait pas parler d'une manière vague, soit de la religion, soit du *fanatisme,* soit des abus, soit de l'intolérance, soit de l'inquisition; par l'*Infâme,* Voltaire et ses disciples s'adressaient d'une façon très-précise et littérale, à l'Église et à Notre Seigneur Jésus-Christ, Dieu et Homme, Rédempteur du monde.

Et c'est là précisément ce qui rend Voltaire infâme, — sans parler de *la Pucelle* et du reste.

Bien plus, Voltaire avait fait de ce cri : *Écrasez l'infâme,* une sorte de formule cabalistique, composée des lettres initiales réunies *Ecrlinf,* qu'il oppose au monogramme du Christ et à l'inscription de la croix.

Il écrivait à d'Alembert :

« *Je voudrais* que vous écrasassiez l'infame, *c'est là le grand*

plus haut intérêt, ne sont pas indispensables, pour former une conviction. *L'infâmie personnifiée* ressort suffisamment des autres vices.

Un seul texte :

« *Daignez observer,* Madame (Catherine), *que je ne suis point* Welche, *je suis Suisse, et si* j'étais plus jeune, je me ferais russe. » (A Catherine, 18 oct. 1772).

point. — C'est le plus grand service qu'on puisse rendre au genre humain (1).

Dirons-nous assez l'indignation de notre âme, en présence d'une pareille impiété, qui attaque et blasphème tout ce que nous avons de plus sacré; qui soufflette insolemment notre Dieu, notre refuge, notre espérance, le consolateur des pauvres et des affligés, notre Rédempteur et notre Juge : celui que les petits et les pauvres invoquent encore, quand les *philosophes* et les grands de la terre les abandonnent à leurs larmes et à leur désespoir? (2)

Le jour où Renan a publié sa *Vie de Jésus,* la cendre de Voltaire a dû tressaillir de joie et ricaner dans sa tombe.

Voltaire et Renan, déicides nouveaux, si Dieu n'échappait pas à leurs atteintes,—ont perdu des milliers d'âmes et les ont entraînées au fond des abîmes d'où l'on ne revient plus.

ÉCRASEZ L'INFAME ! disait Voltaire, et dans une séance à Ferney, où on avait lu un chapitre de l'*Encyclopédie : « Mes-sieurs,* je crois que le Christ se trouvera mal de cette séance » disait l'un des philosophes.

ÉCRASEZ L'INFAME ! « *Il faut* RENDRE L'INFAME RIDICULE *et ses fauteurs aussi!* » — Parole de Voltaire.

ÉCRASEZ L'INFAME ! « *Serait-il possible que cinq ou six hommes de mérite qui s'entendent ne réussissent pas, après les exemples que nous avons de douze faquins qui ont réussi?* » — Autre parole de Voltaire.

(1) A d'Alembert, 23 juin 1770.

(2) Nous aimons à citer ici un de nos amis, un des écrivains les plus méri-tants de la presse belge. M. Alexandre Delmer, rédacteur au *Journal de Bruxelles,* qui pour nous encourager dans l'œuvre que nous avions entreprise d'étudier à fond la vie de Voltaire et d'en écrire, nous adressait ces lignes :

« Ah! tu as bien raison de t'acharner contre ce mauvais génie de Voltaire, cet homme qui en a précipité tant d'autres dans les sombres abîmes de l'incroyance et du désespoir. Pitié pour ces malheureux; mais haine implacable, guerre éter-nelle à cet esprit voltairien, par lequel auraient été taries, si elles avaient pu l'être, les sources sacrées des vérités qui sauvent et des espérances qui ne trompent point. »

ÉCRASEZ L'INFAME ! — En 1758, il écrivait et disait : « *Dans vingt ans, Dieu aura beau jeu* (1). »

Et vingt ans après, en 1778, il mourait, et dans la plus horrible des agonies, il rugissait le nom de *Jésus-Christ.* — « *Jésus-Christ ! Jésus-Christ !* ce nom, il le proférait, tantôt comme une invocation, plus souvent comme une malédiction.

Il commençait, sur son lit de mort, un chant infernal.

Nous n'avons pas le droit de le juger ; la miséricorde de Dieu est infinie, et ses mystères sont impénétrables ; mais si pour lui, comme pour Judas, les antres de la Géhenne se sont ouverts : ÉCRASEZ L'INFAME ! ÉCRLINF ! cette formule est là, nouveau *Manè, Thecel, Pharès,* écrite sur les parois de l'enfer, en caractères de sang et de feu, pour l'éternel supplice du maudit. Et derrière ce nom, il lit le nom, pour lui plus effroyable encore de JÉSUS-CHRIST !

ÉCRASEZ L'INFAME ! tel est le cri qui retentira sans relâche à ses oreilles dans les demeures du désespoir, répété sans merci par le balancier impitoyable de l'Éternité.

Maintenant, nous sommes suffisamment instruits pour comprendre Voltaire hypocrite et sacrilége.

(1) Lettre à d'Alembert, 25 février 1758.

CHAPITRE V.

VOLTAIRE HYPOCRITE ET SACRILÉGE.

Hypocrisie et sacrilége, deux autres aspects de l'impiété et du mensonge.

Le sacrilége, c'est l'impiété dans ce qu'elle a de plus révoltant. — Le sacrilége voltairien a ceci de spécial qu'il est encore l'expression particulière de la bassesse, de la lâcheté de l'homme. Non, Voltaire n'est pas assez grand, dans sa lutte contre Dieu, pour Le braver audacieusement en face; Voltaire diffère en cela de satan; il n'est pas de la taille des géants ou des titans qui voulurent escalader le ciel; il n'est pas davantage le Prométhée antique qui tenta de ravir le feu divin.

Voltaire n'est qu'une contrefaçon triviale et odieuse du satan de Milton, rival de Dieu, et parfois même, dit M. Maynard, « plus grand que Dieu même, dans l'épopée du poète révolutionnaire. »

L'hypocrisie de Voltaire ne sera bien comprise que pour qui est initié à son impiété. Alors, mais alors seulement on verra jusqu'où cet homme s'est perfectionné dans ce vice que tous les honnêtes gens flétrissent, et dans lequel on peut bien dire qu'il a excellé. Honneur à M. Arouet de Voltaire, comte de Tourney; nous le proclamons bien volontiers roi des hypocrites.

I.

HYPOCRISIE ET PALINODIES.

Mais silence; il semble que nous injurions, et nous avons promis des faits. Voici comment Voltaire parle des jésuites dans une lettre au P. de La Tour, du 7 février 1746 :

« *Ce sont eux qui m'ont inspiré le goût des belles lettres et* DES SENTIMENTS QUI FERONT JUSQU'AU TOMBEAU LA CONSOLATION DE MA VIE. — *Rien n'effacera dans mon cœur la mémoire du P. Porée. Jamais homme ne rendit l'étude et* LA VERTU PLUS AIMABLES. — *J'ai eu le bonheur d'être formé par plus d'un jésuite du caractère du P. Porée, et je sais qu'il a des successeurs dignes de lui, etc., etc.* »

A cette époque, Voltaire désirait entrer à l'académie française, où les traditions du grand siècle étaient encore vivaces, c'est-à-dire où la religion catholique était, sinon en honneur, du moins respectée. L'impiété notoire de Voltaire était le plus sérieux obstacle à son admission. Et pourtant, il y tenait! Il a beau faire des épigrammes, et traiter les académiciens de

> Gens doctement ridicules,
> Nourris de rien, gonflés de vent,
> Et qui vous pèsent gravement
> Des mots, des points et des virgules :

L'académie, c'est le but secret où tendent tous ses efforts. En vain il s'en défend : sa passion perce en tous les endroits. C'est qu'il regardait l'académie comme une sorte de sanctuaire inviolable, d'où il pourrait lancer en toute impunité, ses traits les plus venimeux contre la religion et contre les mœurs.

Il avait besoin de se faire des appuis dans le clergé, auprès des dignitaires de l'Église, des évêques, des jésuites, du Pape même. Aussi point de bassesse, point de platitude, point de mensonge, point de palinodie capable de faire reculer notre homme. L'éloge des jésuites faisait partie du programme, quitte à prendre sa revanche plus tard, en les représentant comme les ennemis du genre humain, quand il disait :

« *Je ne mourrais content que si on étranglait le dernier jésuite avec les boyaux du dernier janséniste* (1). »

En attendant, il ne leur épargne pas les gages de soumission et d'attachement. N'est-ce pas encore lui qui avait écrit au P. Porée, au sujet de *La Henriade :*

« *Surtout , mon R. P. je vous supplie instamment de vouloir bien m'instruire* SI J'AI PARLÉ DE LA RELIGION COMME JE LE DOIS; *car s'il y a sur cet article quelques expressions qui vous déplaisent, ne doutez pas que je ne les corrige à la première édition que l'on pourra faire encore de mon poëme. J'ambitionne votre estime, non seulement comme auteur, mais* COMME CHRÉTIEN.»

En septembre 1738, Voltaire écrivait au P. Tournemine, demandant grâce pour ses ouvrages, s'offrant à y effacer sans miséricorde tout ce qui pourrait scandaliser, et l'assurant de sa respectueuse tendresse pour ses maîtres.

Mais comme les philosophes ne s'y laissaient pas prendre et lui reprochaient son hypocrisie, Helvétius entre autres, il se justifia dans des termes dignes d'être connus :

« *La lettre au P. Tournemine est essentielle, Helvétius raisonne en jeune philosophe hardi qui n'a point tâté du malheur, et moi en homme qui a tout à craindre. Les esprits forts me protégeront à souper, mais les dévots me feront brûler* » (2).

Voilà déjà l'hypocrisie par lâcheté. Voltaire justifie sa proposition : « qu'il voulait bien être *confesseur,* mais pas *martyr.* » L'admirera qui voudra.

Maintenant, de plus fort en plus fort. Toujours en vue d'ar-

(1) A Mⁿᵉ de Lutzelbourg, et à d'autres. 1759.
(2) A d'Argental, 20 février 1738.

river à l'Académie, Voltaire, en mars 1743, écrivait à l'abbé Rothelin une lettre dans laquelle il se peint comme un homme plein d'un « *respect véritable pour la religion qui,* ajoutait-il, *m'inspira de* NE JAMAIS FAIRE AUCUN OUVRAGE CONTRE LA PUDEUR. »

Et il y avait vingt-cinq ans qu'il travaillait à *la Pucelle,* dont circulaient partout des copies.

Et plus loin :

« *Je peux dire* DEVANT DIEU QUI M'ÉCOUTE *que je suis bon citoyen et* VRAI CATHOLIQUE. » — « *Mes ennemis me reprochent je ne sais quelles* Lettres philosophiques ; *j'ai écrit plusieurs lettres à mes amis, mais je ne les ai jamais intitulées de ce titre fastueux.* »

Admirez, en passant, la bonne foi. — Il désavoue les *Lettres philosophiques,* sous prétexte qu'il ne leur a pas donné ce nom là ; ce qui est encore faux.

Citons encore la lettre au P. de la Tour, du 7 février 1746 :

« *Je déclare que si jamais on a imprimé sous mon nom une page* QUI PUISSE SCANDALISER SEULEMENT LE SACRISTAIN DE LA PAROISSE, *je suis prêt à la déchirer; que* JE VEUX VIVRE ET MOURIR TRANQUILLE, DANS LE SEIN DE L'ÉGLISE CATHOLIQUE, APOSTOLIQUE ET ROMAINE. »

Est-il croyable que ce soit la même plume qui a écrit : « TOUT HOMME SENSÉ, TOUT HOMME DE BIEN DOIT AVOIR LA SECTE CHRÉTIENNE EN HORREUR ? »

Est-il croyable qu'il a fait les *Guèbres,* uniquement à cause de « *l'horreur que la prêtraille inspire?* »

N'est-il pas affreux que le même homme ait désiré « *mourir comme un chien,* » à cause de « LA BARBARIE DE L'EX-TRÊME-ONCTION » (1).

A qui nous fier, maintenant? A Voltaire croyant, ou à Voltaire impie? — Il n'est ni impie ni croyant, diront les apo-

_____

(1) Nous avons indiqué, au chap. précédent, l'origine et la date de ces trois dernières citations.

logistes ; il est *philosophe*. De quelque nom qu'on le décore, la conscience proteste que ce n'est pas là un caractère honnête.

Autre trait. — En 1745, Voltaire aspirait à se mettre bien avec la Cour de Paris, de laquelle il espérait obtenir une mission diplomatique quelconque. Dans ce but, il remua ciel et terre. Il ourdit de basses intrigues auprès de Benoît XIV, pour obtenir de lui des médailles, dont il voulait se faire un titre auprès des catholiques. Il les eut. Il en tira parti aussitôt, et dès le 10 août, il écrivait à d'Argenson :

« *Vous devriez bien dire au roi très-chrétien que je suis un sujet très-chrétien.* »

Il n'a donc aucune pudeur, aucune dignité !

Qui comptera tous les jugements de Voltaire en partie double, sur les hommes et les choses ? Qui relèvera toutes ses rétractations, ses désaveux, ses palinodies ? — Il y aurait un volume à faire, et des plus instructifs, rien que sur cette seule donnée. Nous avons vu les éloges qu'il fait des jésuites et sa basse hypocrisie auprès d'eux. Voici quelques traits de la contre-partie.

« *Je ne mourrais content que si on envoyait chaque jésuite au fond de la mer, avec un janséniste au cou, comme autrefois, dans certaines occasions, on y jetait des singes et des chats liés ensemble dans un sac. — Cette* « PROPOSITION HONNÊTE ET MODESTE » *ne peut-elle être exécutée ?* « RENDONS AU MOINS CES PERTURBATEURS DU REPOS PUBLIC RIDICULES AUX YEUX DES HONNÊTES GENS » (1).

La palinodie, c'est une variété très-caractéristique de l'hypocrisie ; aussi Voltaire en a-t-il usé à forte dose. Palinodies sur l'Académie ; palinodies avec presque tous ses amis et protecteurs ; palinodies sur la Pompadour, sur Frédéric-le-Grand, sur Louis XV. La palinodie avec Frédéric a recommencé

_____

(1) A Mme de Lutzelbourg et à d'autres, 1759.

cinq ou six fois : elle présente les variantes les plus comiques.
Les désaveux, n'est-ce pas encore une sorte de palinodie
personnelle? Mais l'exemple des jésuites suffit. Voltaire qui
écrivait à Thieriot, en parlant des jésuites, 9 janvier 1739 :
« *C'est être* un monstre *que de ne pas aimer ceux qui ont
cultivé notre âme* » réclama plus tard sa part de gloire de
l'expulsion des jésuites, attendu que, « *le premier* » disait-il,
il avait attaqué les jésuites en France.

Il y a bien de quoi se vanter, vu les circonstances.

Alors, il leur offrait ironiquement l'hospitalité « *dans sa
terre, pour lui servir de bouviers, avec de bons gages, ou même
de bœufs, avec gages meilleurs* » (1).

On pourrait multiplier ces textes, mais ceux-ci sont déjà
suffisamment écœurants. — Passons aux sacriléges, l'idéal du
genre.

II.

SACRILÉGES.

Voltaire a été hypocrite jusqu'à la fin de ses jours, et son
hypocrisie se révèle surtout dans une longue série d'effroyables
sacriléges.

Le sacrilége, chez lui, c'est un système. Nous le retrouvons
presque sans discontinuité, depuis 1753 à Colmar, jusqu'en
1769 inclusivement, à Ferney !

A Colmar, où il passa quand, après Berlin, banni de partout,
il s'arrêtait de ville en ville, de château en château, cherchant
partout une résidence qui lui échappait toujours, à cause de la
corruption et de l'impiété qui le suivaient partout et qui ont tracé

---

(1) Lettres diverses 1762. — Voir Maynard, tout le chapitre intitulé Voltaire
et les jésuites.

sa route, comme la bave gluante de quelque reptile malfaisant,
— à Colmar, les honnêtes gens commencèrent à s'émouvoir et
il fut sérieusement question de procéder légalement à l'expulsion du poète corrupteur.

C'est alors que Voltaire, pour donner le change, résolut d'é-
difier le public, par le spectacle d'une communion pascale.

Cette communion est connue, dans la biographie du Patriarche, sous le nom de : « LA PREMIÈRE COMMUNION DE VOLTAIRE. »
C'est le titre que lui donnèrent les *philosophes*, par dérision et
pour flétrir ce qu'ils appelaient eux-mêmes *l'hypocrisie*, c'est-
à-dire la lâcheté de Voltaire.

Le récit de cette *première communion* nous a été transmis
par Collini, son secrétaire, un italien, digne valet d'un tel
maître, qui n'hésite pas à en rapporter les détails dans ses
Mémoires, sans paraître s'apercevoir qu'il prépare contre son
héros la plus flétrissante de toutes les sentences.

Aux approches de Pâques, il demanda un jour à Collini s'il
ferait son devoir, et le Florentin ayant répondu que telle était
son intention : « Eh bien, ajouta-t-il, nous le ferons ensemble. »
Il fit venir un capucin chez lui, et le lendemain il se rendit avec
son secrétaire à l'église, où ils communièrent l'un et l'autre.

« J'avoue, raconte Collini (p. 128), que je profitai d'une
occasion aussi rare pour examiner la contenance de Voltaire
pendant un acte si important. Dieu me pardonnera cette curio-
sité et ma distraction ; je n'en eus pas moins de ferveur. Au
moment où il allait être communié, je levai les yeux au ciel,
pour le supplier et jetai un coup-d'œil subit sur le maintien de
Voltaire. Il présentait sa langue et fixait ses yeux bien ouverts
sur la physionomie du prêtre. *Je connaissais ces regards là.* »

« *Je connaissais ces regards là !* » Collini n'en dit pas davantage ; mais l'observation est profonde et significative, pour qui
est initié aux autres comédies du même genre. Nous retrou-
verons « *ces regards là* » à Ferney.

Il est bon de constater que Voltaire, en agissant de la sorte à Colmar, voulait faire d'une pierre deux coups ; d'une part, consolider sa position à Colmar, d'une autre part, se faire bien venir auprès de la cour de Versailles. Il n'avait pas renoncé à l'espoir de rentrer à Paris, sinon dans des conditions avantageuses, du moins avec les honneurs et le rang qu'il se croyait dûs. Mais il faut dire à la décharge de la cour de Versailles, qu'elle ne fut pas dupe d'une rouerie aussi monstrueuse, ni à cette époque, ni lors des communions scandaleuses de Ferney, en 1768 et en 1769.

Il était coutumier du fait ; sa correspondance intime est là pour en témoigner. Le 22 décembre 1759, il écrivait à d'Argental :

« *Je me préparerai à tout en faisant mes Pâques dans ma paroisse;* JE VEUX ME DONNER CE PETIT PLAISIR *en digne seigneur châtelain.* »

Et le 16 février 1761 :

« SI J'AVAIS CENT MILLE HOMMES, JE SAIS BIEN CE QUE JE FERAIS ; MAIS COMME JE NE LES AI PAS, JE COMMUNIERAI A PAQUES, *et vous m'appelerez hypocrite tant que vous voudrez. Oui, pardieu, je communierai avec* Mme *Denis et* Melle *Corneille, et si vous me fâchez, je mettrai en rimes croisées le* Tantum ergo. »

Et le 27 février 1761, à Dalembert :

« *Sachez que vos bonnes plaisanteries ne m'ôteront point ma dévotion, et qu'il n'y a d'autre parti à prendre que de se déclarer meilleur chrétien que ceux qui nous accusent de n'être pas chrétien* » (1).

Il n'y croyait pas ; donc, c'est bien le sacrilége qu'il commet, avec préméditation ; — sacrilége, mépris, abus, profanation consciente des choses sacrées. Et le sacrilége, il ne le commet que par lâche hypocrisie, car, « *s'il avait cent mille hommes,* »

_____

(1) Nous tenons à rappeler ce texte, déjà deux fois cité plus haut, du même Voltaire. « *Tout homme sensé, tout homme de bien doit avoir la secte chrétienne en horreur.* »

il s'en abstiendrait ; mais comme il ne les a pas, et qu'il a peur, et qu'il veut jouir des fruits de sa honteuse vie, et qu'il doit tromper les « dévôts » de Versailles, *il communie à Pâques ;* il se donne « *ce petit plaisir, en digne seigneur châtelain !* »

N'est-ce pas horrible ? — Et il fait comme il l'a dit. Il faudrait lire maintenant le récit circonstancié de sa communion de 1768. Tout cœur honnête se sent révolté à la vue d'une telle platitude dans l'impiété ; il ne faut pas être catholique, il suffit d'être chrétien pour stigmatiser avec horreur de tels procédés. Les protestants eux-mêmes, contemporains de Voltaire, bien plus, *les philosophes* ne purent dissimuler leur dégoût. Grimm et Frédéric-le-Grand nous ont laissé à cet égard des jugements précis et décisifs.

D'Alembert lui écrivait le 31 mai 1768 :

« J'ai bien peur que vous n'ayez rien gagné à cette *comédie*, peut-être dangereuse pour vous. »

Grimm, dans sa *Correspondance littéraire* :

« *Ces représentations pieuses de Ferney n'ont pas grand succès à Paris ; elles y causent même assez de scandale* » (1).

Et Frédéric :

« Après d'aussi belles choses (livres d'impiété, d'incrédulité, attaques à la religion), je suis un peu fâché qu'il fasse si *platement* ses Pâques, et qu'il donne une *farce aussi triviale* au public ; qu'il fasse imprimer sa confession de foi, à laquelle personne n'ajoute foi, et qu'il souille la mâle parure de la philosophie par les accoutrements de l'*hypocrisie* dont il l'affuble. »

Il fallait se justifier auprès des philosophes. Ce n'était pas une petite affaire. Selon son habitude « avec sa candeur et son innocence ordinaires, » il commence, en dépit de l'évidence, par nier le fait. Il n'a pas communié. « Il n'est ni assez hypo-

(1) Grimm. *Corresp. litt.* avril 1769. t. VI, p. 384.

crite pour se prêter à des actions si contraires à sa façon de penser, ni assez imbécile pour donner de bonne foi dans de pareilles puérilités » (1).

Est-il possible de pousser plus loin l'audace du mensonge? Les disciples ont vraiment le droit d'être fier de leur maître.

Mais les faits étaient là, patents, indiscutables; tout comme les faits de la correspondance de Voltaire sont là aujourd'hui, et forment un écrasant dossier duquel résulte, à la dernière évidence, sa profonde hypocrisie. — Acculé au pied du mur, il se met à ricaner. Le sarcasme, le mépris, l'insulte et le blasphême, telle est la seule arme qui lui reste, et il en use largement.

Sommé par ses amis de rendre compte de sa conduite, il écrivait qu'il avait eu toutes sortes de bonnes raisons « *de changer sa table ouverte contre la Sainte Table* » qu'*il fallait être bien avec son curé*, fut-il un imbécile ou un fripon; qu'*il était seul de sa bande dans sa paroisse contre deux cent cinquante consciences timorées*, et qu'il ne fallait pas s'en faire deux cent cinquante ennemis, quand il n'en coûtait qu'une cérémonie prescrite par les lois pour les édifier; que s'il voyait passer une procession de capucins, il irait au-devant d'elle, chapeau bas, pendant la plus forte ondée; qu'à *Abbeville, il communierait tous les quinze jours*, et que *dans l'Inde, il voudrait mourir une queue de vache à la main;* qu'enfermé entre des renards et des loups, il fallait enfumer les uns, et hurler avec les autres; qu'*il y avait des choses si méprisables, qu'on pouvait quelquefois s'abaisser jusqu'à elles sans se compromettre; que dans une compagnie où tout le monde montrerait son c...*, il conseillerait de mettre chausses bas en entrant, au lieu de faire la révérence; qu'il acceptait comme une pénitence, pour la rémission de ses péchés, le mal qu'on dirait de ses Pâques, etc., etc. (2)

(1) Lettre perdue, à Mme du Deffand, citée dans les *Mémoires* de Bachaumont du 11 avril 1768, t. IV. p. 6, et certifiée vraie par Wagnières, p. 274.

(2) Lettres à d'Argental, 22 avril; à Dalembert, 27 avril et 1er mai; à Villevieille, 1er mai 1768.

Qu'on nous pardonne de reproduire des textes aussi odieux ; ils sont indispensables pour faire connaître l'infamie de Voltaire. Nous espérons que cette fois encore ce mot l'*infamie* est justifié, et qu'on ne nous accusera pas de faire de la diffamation banale, creuse, gratuite.

Résumons le sacrilége de 1769. Celui de l'année précédente avait donné lieu à un tel scandale, qne l'évêque d'Annecy avait défendu à tous ses prêtres, sous peine d'interdit, de l'entendre en confession et de le communier, sans ses ordres exprès (1).

« *Je me confesserai et je communierai malgré lui !* » s'écria Voltaire.

Il se met au lit et fait le malade ; il appelle un religieux capucin qui passait dans le voisinage. Celui-ci trouve une excuse pour éluder la demande que Voltaire lui fait de le confesser et de le communier. Ce drôle m'a joué, dit Voltaire à son copiste ;.... « *mais laissez-moi faire.* »

Cette fois-ci il joue le moribond. Il fait accourir médecin, notaire ; il met toute sa maison sur pied, et demande en grâce un prêtre, *in articulo mortis*. Cela dure huit jours. La comédie est si bien jouée, que le curé de la paroisse, avec la permission de l'évêque d'Annecy, envoie à Voltaire le capucin Joseph. On ne met d'autres conditions qu'une rétractation en règle et une profession de foi explicite du soi-disant moribond. Voltaire passe par tout ce qu'on veut (2). C'est une gageure.

Après sa déclaration, il communia, et ayant les Saintes-Espèces dans la gorge, il fit cette déclaration mensongère, qui est un nouveau sacrilége, dans de telles circonstances : « *Ayant mon Dieu dans ma bouche, je déclare que je pardonne sincèrement à ceux qui ont écrit au roi des calomnies contre moi et qui n'ont pas réussi dans leurs mauvais desseins.* »

(1) Maynard t. II. p. 561 et suiv.
(2) La profession de foi est des plus explicite. On la trouve dans Maynard. t. II p. 360. Voir aussi comment Voltaire plus tard la désavoua et la nia.

Il faisait allusion surtout à l'évêque d'Annecy. Et voici le dénouement. Le prêtre à peine parti, Voltaire, resté seul avec son copiste, saute lestement du lit où il semblait cloué depuis huit jours, et lui dit :

« *J'ai eu un peu de peine avec ce drôle de capucin, mais* CELA NE LAISSE PAS QUE D'AMUSER ET DE FAIRE DU BIEN. *Je vous avais bien dit que je serais confessé et communié malgré Mons Biord.* — *Allons faire un tour de jardin.* »

Nous aimons à croire que M. Thiers, qui sait respecter les croyances et la religion catholique, ne connait pas le premier mot de tous ces faits, dont la preuve repose néanmoins sur des documents authentiques et irrécusables. S'il les connaissait, jamais il n'aurait prononcé ce mot : « VOLTAIRE QUE J'ADMIRE ! » — Car c'eut été se rendre solidaire de son infamie. Nous lui faisons grâce du « *bon sens français, s'exprimant dans la langue* la plus pure. » — Il s'agit bien de cela !

Ici encore, Voltaire eut à s'expliquer et à se justifier auprès des *philosophes.* Ce n'était « *qu'une grimace,* disait-il, *qu'il avait fallu faire pour se soustraire aux poursuites dont il était menacé.* » Il a sans cesse le mot de *facétie* sous la plume. A Mme Necker, le 23 avril 1772 : « *On s'est trop moqué à Paris de cette facétie.* » Et puis recommence la litanie des plaisanteries ignobles; il appelle la Sainte Eucharistie : « *le divin déjeûner,* » « UN CROUTON ! »

Citons M. Maynard (1) résumant plusieurs lettres adressées aux intimes, (2) « Étant sur le point de mourir, il a voulu passer par les cérémonies ordinaires, qu'il ne craint pas, quoiqu'il

_____

(1) Maynard t. II. p. 570.
(2) A Sauvin 5; à Richelieu 15, à La Harpe, 17 avril 1769. — A Mme du Deffand, 24 avril; à d'Argental 8 et 23 mai; à Dalembert 24 mai 1769.

7

ne les aime point du tout. — La bonne compagnie ne *déjeûne*
pas à Paris, parce qu'elle a trop soupé; mais il est un pays où
il convient qu'on *déjeûne* et qu'on mange un *croûton* à certains
jours. Il n'a pas deux centmille hommes, et il est parfois un peu
goguenard. Il a donc pris le parti de *rire de la médecine* avec
le plus profond respect, et de *déjeûner* comme les autres, avec
des attestations d'apothicaires. Vieux malade dans une position
très-délicate, il n'y a pas de *lavement* ni de *pilules* qu'il ne
prenne tous les mois pour que la Faculté le laisse vivre et
mourir en paix. »

Est-ce assez ignoble?

« Il fera, quand on voudra, comme certain voyageur, qui se
faisait donner l'Extrême-Onction dans tous les cabarets; et
s'il était chez les Turcs, il *déjeûnerait* à la façon des Turcs.
Pourqui lui reproche-t-on *ce déjeûner par-devant notaire?* Il
était indispensable. — Qu'on avoue donc qu'il a très-bien fait.
D'ailleurs, il n'a agi que par le conseil d'un avocat qui connait
la province. *Enfin, on ne peut donner une plus grande marque
de mépris pour ces* FACÉTIES, *que de les jouer soi-même; ceux
qui s'en abstiennent paraissent les craindre.* »

CONCLUSION.

Mais, diront les fanatiques voltairiens, acculés dans leurs
derniers retranchements, tout cela, c'est précisément la justification de Voltaire. — Il n'y croyait pas, il avait la conviction
de l'absurdité des dogmes et des mystères catholiques : donc,
il ne commettait pas le sacrilége hypocrite et lâche; il y allait
rondement, gaîment, ingénuement, naïvement même; tout le
prouve, puisqu'il s'en vante. Il estimait l'Eucharistie *chose
tellement méprisable*, qu'il croyait pouvoir *s'abaisser jusqu'à
elle sans se compromettre.* Donc, Voltaire est sincère dans cet

acte qui vous choque et vous révolte, et vous n'avez pas le droit de le flétrir de ce chef!

Or, nous disons que c'est de cet argument précisément que ressort l'infamie et la monstruosité de Voltaire.

Eh quoi! il buvait l'iniquité comme l'eau ; l'habitude du crime l'avait rendu familier du crime; l'impiété était devenue pour lui une seconde nature : et c'est là ce qui le justifie!

Voici un prince, né comme un autre, libre; en se laissant aller à ses instincts pervers, à force de commettre le crime, il devient un jour Néron ou Tibère. Il a contracté l'habitude de tuer et de voir couler le sang de victimes humaines. Bientôt, c'est un besoin. Il n'est plus maître de sa volonté; il lui faut du sang; il lui faut le spectacle des entrailles entrouvertes et fumantes, du cœur palpitant dans une dernière agonie. Il plonge ses mains jusqu'aux coudes dans les flancs déchirés des victimes; il y colle sa bouche; il s'enivre à l'odeur fétide et âcre du sang chaud et fumant; il s'en abreuve. N'accusez pas sa volonté : elle est innocente; c'est ingénuement, c'est naïvement qu'il commet le crime. Le voilà devenu goule ou vampire, c'est vrai; mais il est sincère, il est justifié!

Voilà votre monstrueux système de défense. — Il est justifié à vos yeux, c'est possible; mais c'est là précisément ce qui le rend horrible, ce qui fait qu'on s'écarte avec mépris et dégoût; ce qui fait que la conscience universelle, sans hésitation, à son aspect spontanément s'écrie : l'*Infamie personnifiée!*

Vous dites qu'il est devenu volontairement le mensonge et le sacrilége *incarné*, et que c'est là ce qui le justifie à vos yeux : vous l'avez jugé!

Soit : il est sincère dans sa monstruosité, tellement sa monstruosité fait désormais partie de son sang et de sa vie; mais cette sincérité même, parce qu'il l'a librement acquise au prix du crime, c'est sa condamnation.

A moins que vous n'affirmiez le fatalisme de la personnalité et le scepticisme des doctrines, dans un panthéisme sans nom, votre Voltaire est un des plus grands coupables, — le plus grand peut-être, qu'ait jamais produit l'humanité.

Et pour tous ceux qui s'inscrivent en faux contre ce panthéisme, ce scepticisme et ce fatalisme; pour tous ceux qui reconnaissent encore un Dieu et une religion quelconques : Voltaire impie, Voltaire hypocrite et sacrilége est digne de toute l'exécration de l'humanité.

CHAPITRE VI.

TRAITS ÉPARS DE LA PHYSIONOMIE DE VOLTAIRE.

Pour compléter le portrait du Patriarche, indiquons sommairement quelques autres traits épars de sa physionomie. Ceux que nous avons tracés jusqu'ici pourraient suffire pour faire connaître l'homme; mais comme les apologistes l'ont embelli et retouché outre mesure, il peut-être utile de gratter encore un peu le vernis sous lequel ils ont dissimulé les grimaces de leur idole. Puisqu'il s'agit d'un Voltaire photographié, et non pas d'un Voltaire flatté par l'art du pinceau de gens trop intéressés à le faire passer pour un Adonis ou un Apollon; comme après tout rien n'est beau comme le vrai, détachons sans nous lasser toutes les couleurs fausses, enlevons ces emplâtres qui voilent de tristes, hideuses, honteuses infirmités; prouvons que cet odieux personnage soutient jusqu'au bout son rôle d'*infamie*.

Nous ne parlerons pas de Voltaire, traître à sa patrie; cela nous entraînerait trop loin. Tout le monde connaît, du reste, ses ignobles plaisanteries sur les Français battus à Rosbach, quand, par exemple, il écrivait à Frédéric :

> Héros du Nord, je savais bien
> Que vous aviez vu les derrières
> Des guerriers du roi très-chrétien (1).

(1) Toutes les feuilles voltairiennes de France et de Navarre se sont montrées

Que de choses instructives n'aurions-nous pas à dire sur
Voltaire courtisan, plat-valet, adulateur de la Pompadour « dont
le nom rime avec *amour*. »

Et qui sera bientôt le plus doux nom de France !

Il appelait Frédéric son *Messie du Nord*, et lui écrivait *Votre
Humanité*, au lieu de *Votre Majesté*, « *Il me traitait d'*HOMME
DIVIN, dit-il, *je le traitais de* SALOMON; *les épithètes ne nous coû-
taient rien.* » Il le traitait aussi de *Trajan*, de *Titus*, de *Marc-
Aurèle* et surtout de *Julien* (l'Apostat). « *Comment donc sont
faits les grands hommes*, disait-il encore, *si celui-là n'en est
pas un?* (1) Ailleurs, nous l'avons vu se faisant l'*esclave* de *Luc*.
Et quand *Luc* daignait le consulter, Voltaire, sans examiner si
la cause était juste ou inique, avait soin de dire comme le gen-
darme : « Brigadier, vous avez raison ! » seulement, il le disait
en termes plus plats : « *ne doutant pas qu'un roi avec qui je
soupais et qui m'appelait son ami ne dût avoir raison.* »

Nous n'insisterons pas sur la lâcheté et sur la poltronnerie
du philosophe; elle ressort suffisamment des autres traits de
son caractère, notamment de l'hypocrisie. Mais si quelqu'un
était tenté de s'inscrire en faux contre notre jugement, nous
lui opposerions celui d'un contemporain et d'un ami intime
de Voltaire, de d'Argenson :

Il y a longtemps qu'on a distingué le courage de l'esprit de celui du
corps. On les trouve rarement réunis. Voltaire m'en est un exemple.
Il a dans l'âme un courage digne de Turenne, de Moïse, de Gustave-
Adolphe; il voit de haut, il entreprend, il ne s'étonne de rien; mais *il
craint les moindres dangers pour son corps et est un* POLTRON AVÉRÉ (2).

très-indignées, à la suite de la défaite des Garibaldiens à Monte-Rotondo, parce
que les loustics français écrivaient *Montre-ton-dos*. C'était fouler aux pieds le respect dû au vaincu ! l'abomination de la désolation !

(1) A d'Argental, 1er sept. 1750.

(2) La poltronnerie de Voltaire le mit mainte fois dans les situations les plus co-

Passons à Voltaire ami du peuple et apôtre de la tolérance :
Voltaire était le plus intolérant de tous les hommes.
Quiconque ne pensait pas comme lui : à l'index ; quiconque
avait l'imprudence d'écrire contre lui, de critiquer seulement
sa prose et ses vers, devenait un ennemi irréconciliable; tous les
moyens étaient bon pour le vilipender, pour le réduire à néant.
Lisez les querelles si instructives avec J.-B. Rousseau, avec
Des Fontaines, avec Maupertuis, avec la Beaumelle, avec Fréron.
— Pas d'injures, pas de calomnies assez méchantes pour les
perdre dans l'opinion, pour les faire condamner par le pouvoir.
On sait comment il qualifiait ses adversaires littéraires et autres.

Ainsi J.-J. Rousseau, c'est « *un malade..... qui mériterait au
moins le pilori, s'il ne méritait pas les petites maisons ; »*
plus loin c'est *un fou, un brouillon, un délateur ; une âme
pétrie de fiel, un Judas ; un petit singe de la philosophie;*
« *ce Diogène..... descendant direct et descendant enragé du*
CHIEN DE DIOGÈNE *et de la* CHIENNE D'EROSTRATE, etc., etc. »

Quant à J.-B. Rousseau, non content de le dénoncer à la
censure, pour des vers qu'il prétendait publiés contre lui;
non-content d'écrire à cette occasion : « *C'est rendre service
à tous les honnêtes gens que de contribuer à la punition d'un
scélérat ; »* il disait ailleurs « *S'il était mort, je le ferais déterrer
pour le pendre »* (1).

Comme Des Fontaines s'était permis, dans ses *Observations,*

---

miques. Voir l'histoire des bastonnades de Beauregard et du chevalier de Rohan-
Chabot. « *Nous serions bien malheureux*, disait à cette occasion l'Évêque de Blois,
si les poètes n'avaient pas d'épaules. » — Voir aussi M. Maynard, t I. p. 495 et
496, où Voltaire eut la lâcheté d'endosser à Longchamps, son valet, une lettre des
plus compromettantes qu'il avait adressée à la Pompadour, pour se venger, avant
de quitter Paris pour Berlin. — L'épisode de l'arrestation de Francfort, après la
disgrâce de Berlin, est aussi fécond en scènes de mélodrammes.

(1) J.-B. Rousseau répondit d'une façon noble et digne à la persécution dont il
était l'objet : « *Après la manière dont vous avez traité Jésus-Christ, je ne suis pas
assez délicat pour m'offenser de vos injures.* »

de critiquer le *Temple du goût*, Voltaire, exaspéré, écrivit : Les Observations *sont des outrages qu'il fait régulièremeut une fois par semaine, à la raison, à l'équité, à l'érudition et au goût..... Je me repens bien de l'avoir tiré de Bicêtre et de lui avoir sauvé la Grève.* Il vaut mieux « *après tout,* faire bruler un prêtre que d'ennuyer le public. *Oportet aliquem mori pro populo. Si je l'avais laissé cuire, j'aurais épargné au public bien des sottises* » (1).

A propos de la *Voltairomanie* du même Des Fontaines, il écrit à Denyau, doyen de l'ordre des avocats : « *Ne pourrais-je point, par le moyen des conseillers au Parlement, demander* qu'on fasse bruler le libelle? » — Et pourquoi, s'il vous plaît? Parce que cette brochure avait l'insolence de le peindre, lui, le dieu, un peu trop d'après nature.

Nous retrouvons la même tolérance à l'égard de La Beaumelle en 1756. Cet auteur fut mis en prison, sur la dénonciation de Voltaire lui-même, et grâce aux actives démarches que fit le Patriarche auprès de ses amis du Parlement. Six cents exemplaires d'une brochure qui critiquait la *Henriade* furent mis au pilon. Pendant que La Beaumelle était en prison, Voltaire écrivait : « *Il est très-bien à la Bastille..... C'était un chien enragé qu'on ne pouvait plus laisser dans les rues.....* Hélas! il n'a été puni que par six mois de cachot..... *Ses crimes, sous un ministère moins indulgent, l'auraient conduit au supplice.* »

Et à quoi se réduisaient toujours ces crimes? — Il avait osé ne pas tomber en extase devant les vers du grand homme (2),

(1) C'est à la même occasion qu'il écrivait à Thieriot : « *J'avais ôté ce monstre subalterne d'abbé Des Fontaines de l'*Ode sur l'Ingratitude; *mais les transitions ne s'accommodaient pas de ce retranchement, et* il vaut mieux gater Des Fontaines que mon ode. »

(2) La Beaumelle avait dit entre autre de la Henriade : « *Qui, dans 50 ans lira ce recueil de vers? —* Trublet a dit plus tard : *Je ne sais pas pourquoi je baille en la lisant.* »

de « *l'homme immense,* » comme écrivait dernièrement Gari-
baldi au *Siècle.*

Parmi ses critiques, lequel n'a pas été un peu traité de *chien?*
Fréron n'y a pas échappé plus que les autres. Voltaire disait
de lui : « *Il est pourtant bien honteux qu'on laisse aboyer ce
chien; il me semble qu'en bonne police on devrait enfermer ceux
qui sont attaqués de la rage.* »

Partout, sous prétexte de liberté de la presse, il invoque le
bras séculier contre ceux qui lui portent ombrage. Sa tolérance
littéraire a été caractérisée en deux mots par Clément de
Genève :

N'est-il pas bien singulier que ce poète, après avoir prêché sur les
toits la liberté de la presse, et donné l'exemple du libertinage de l'impression jusqu'à se faire brûler, n'ait pas plus tôt joui d'un moment de
faveur, qu'il l'ait employé à gêner ses confrères? Je lui pardonne tous
ses autres défauts; c'est le péché contre le Saint-Esprit dans la république des lettres, malheur à qui s'en est rendu coupable, eût-il la
mort entre les dents et le billet de confession à la main.

Voilà pour la tolérance littéraire. Son intolérance religieuse
ressort déjà suffisamment des textes que nous avons produits,
à l'occasion de son impiété et de son hypocrisie. Lui qui,
disait-il, avait tous les ans la fièvre, le jour de la Saint-
Barthélemy, n'a-t-il pas écrit : « *Je ne mourrais content que
si je voyais les jansénistes et les molinistes écrasés les uns par
les autres?* » N'a-t-il pas demandé qu'on « exterminât tous
les moines? » Ne s'est-il pas réjoui, chaque fois qu'un acte
d'intolérance brutale a été posé contre un catholique ou un
prêtre?

Le 1er mai 1769, il écrivait à d'Argental : « *Béni soit le comte
de Carvalho, qui a fait incarcérer l'évêque de Coïmbre, lequel
évêque avait mis mon nom assez mal à propos dans un mandement séditieux. Son mandement a été brûlé par M. le bourreau
de Lisbonne.* »

Quelle exquise urbanité à l'adresse de M. le bourreau de Lisbonne! Nul ne sera *toléré* que nous et nos amis. Un évêque, attaquer M. de Voltaire, dans un mandement! Vite, en prison; et qu'on le brûle par-dessus le marché, s'il y a moyen. Mais en même temps, que les « adeptes » revendiquent bien haut, les droits imprescriptibles de la conscience humaine, de la liberté de tout penser et de tout écrire.

M. Thiers comprend « les colères de Voltaire ». On passerait ce paradoxe à l'illustre historien, si Voltaire n'avait pas en tout lieu, à tout heure, usé de deux poids et deux mesures. Calas, Sirven, La Barre, Morangiès, Lally sont des noms dont il est facile d'abuser. Voltaire les a défendus, c'est vrai; mais pourquoi, comment l'a-t-il fait? — Est-ce par véritable tolérance, par véritable amour de l'humanité souffrante et de la justice outragée? — Non, il faut savoir le dire : Voltaire faisait de la réclame, du chantage; il posait en redresseur des griefs; mais au fond, il ne poursuivait qu'un but : l'oppression des consciences catholiques, au profit de la domination exclusive des libres-penseurs, « *des honnêtes gens pour jamais* » comme il les appelait.

« On ne doit de reconnaissance qu'à une intention droite, désintéressée, généreuse » (1). — Or, tel n'est pas le cas pour Voltaire. C'est encore l'intérêt, l'égoïsme qui lui ont dicté ses tirades humanitaires les plus retentissantes (2).

Si Voltaire avait été sincère, aurait-il applaudi, comme il l'a fait, au sujet de l'iniquité monstrueuse du partage et de l'oppression de la Pologne? Ce point de vue est encore assez actuel, pour que nous nous y arrêtions un instant.

Dans une lettre, il annonce triomphalement que Catherine vient d'envoyer en Pologne quarante mille Russes « *prêcher la*

(1) MAYNARD, t. II. p. 419.
(2) Lire, pour former sa conviction, tout le chap. de M. Maynard intitulé : *Voltaire apôtre de la tolérance.*

tolérance, la bayonnette au bout du fusil. » (1) — Alors, il invite à en « *rendre grâce à Dieu* » comme « *du plus grand évènement qui eut signalé le siècle* » comme d'une « *conquête sur le fanatisme* » de la « *victoire de l'esprit pacificateur sur l'esprit persécuteur,* » comme de la rentrée « *du genre humain dans ses droits,* » et de la fondation de la « *liberté de conscience* » (2).

A Frédéric, il écrit : « *On prétend que c'est vous, Sire, qui avez imaginé le partage de la Pologne ; et je le crois, parce qu'IL Y A LA DU GÉNIE* » (3).

Et ailleurs : « *Comme je me sais bon gré d'avoir vécu pour voir tous ces grands événements !* » (4)

Or on sait ce que Frédéric et Catherine apportèrent à la Pologne. Catherine surtout ne mit aucun frein à son zèle de persécution. Voltaire l'encourage, la flatte, l'applaudit. L'écrasement des Polonais catholiques, c'est une double bonne affaire : « *Vos soins généreux*, écrit-il à Catherine, *pour établir la liberté de conscience en Pologne sont* UN BIENFAIT QUE LE GENRE HUMAIN DOIT CÉLÉBRER » (5).

En même temps, des bordées de plaisanteries ignobles et impies à l'adresse de la Vierge, invoquée en Pologne sous le titre de *Notre-Dame de Czentokowa*; l'insulte et le ricanement, pour sanctionner l'iniquité et l'oppression des consciences. Et tout cela, on le décore audacieusement du nom de *tolérance!* (6)

Pour clore ce panorama mouvant des vices du Patriarche,

(1) A Dalembert, 3 mai 1767.
(2) *Sermon de Josias Rossette ; OEuvres de Volt.* t. XLIV, p. 15.
(3) A Fréd. 18 nov. 1772.
(4) A Fréd. 16 oct. 1772.
(5) A Catherine, 22 déc. 1766, etc.
(6) « On a calomnié l'impératrice de Russie, quand on a dit qu'elle ne favorise les dissidents de Pologne, que pour se mettre en possession de quelques provinces de cette république. Elle a juré qu'elle ne voulait pas un pouce de terre, et que *tout ce qu'elle fait n'est que pour avoir la gloire d'établir la tolérance*! » Volt. à Damilaville, 23 mai 1767.

disons rapidement comment lui, le bienfaisant, l'ami du peuple, le redresseur des griefs, le grand démocrate, l'apôtre des lumières en tout et pour tous, entendait traiter les petits et les faibles. On verra bientôt la différence entre un apôtre de l'Évangile selon saint Jean, et un apôtre de l'Évangile selon la *Pucelle* et l'*Encyclopédie*.

Quelques textes, entre mille, car actuellement on ne glane plus, on moissonne :

A Frédéric : « *Votre Majesté rendra un service éternel au genre humain en détruisant cette infâme superstition* (le catholicisme); *je ne dis pas chez* LA CANAILLE QUI N'EST PAS DIGNE D'ÊTRE ÉCLAIRÉE, ET A LAQUELLE TOUS LES JOUGS SONT PROPRES » (1).

A Diderot : « *Quelque parti que vous preniez, je vous recommande l'*INFAME; *il faut la détruire chez les honnêtes gens et la laisser à la canaille grande ou petite pour laquelle elle est faite.* (2).

A Dalembert : « *Damilaville doit être content, et nous aussi, du mépris où l'*INFAME *est tombée chez tous les honnêtes gens. C'était tout ce qu'on voulait et tout ce qui était nécessaire.* ON N'A JAMAIS PRÉTENDU ÉCLAIRER LES CORDONNIERS ET LES SERVANTES. *C'est le partage des apôtres* » (3).

A Damilaville : « *Il est à propos que le peuple soit guidé et non pas qu'il soit instruit;* IL N'EST PAS DIGNE DE L'ÊTRE. » (4).

A Collini : « *La philosophie ne sera jamais faite pour le peuple.* LA CANAILLE D'AUJOURD'HUI RESSEMBLE EN TOUT A LA CANAILLE QUI VÉGÉTAIT IL Y A QUATRE MILLE ANS » (5).

A Dalembert : « *Nous aurons bientôt de nouveaux cieux et une nouvelle terre, j'entends pour les honnêtes gens, car* POUR LA CANAILLE, LE PLUS SOT CIEL ET LA PLUS SOTTE TERRE SONT TOUT CE QU'IL FAUT. »

(1) 5 janv. 1767.
(2) 25 sept. 1762.
(3) 6 déc. 1757.
(4) 19 mars 1766.
(5) 31 juillet 1775.

Et pour qu'on ne se méprenne pas sur le sens du mot *canaille*, il a eu soin de dire qu'il entend par là « *les cordonniers et les servantes.* » Il est encore plus explicite dans une lettre à Damilaville : « *J'entends par peuple la populace, qui n'a que ses bras pour vivre. Je doute que cet ordre de citoyens ait jamais le temps ni la capacité de s'instruire.....* IL ME PARAIT ESSENTIEL QU'IL Y AIT DES GUEUX IGNORANTS... QUAND LA POPULACE SE MÊLE DE RAISONNER, TOUT EST PERDU. »

Que veut donc dire l'*Indépendance Belge*, quand elle parle de « L'âme de Voltaire, *si ardente pour la vérité et pour le bien des hommes;* — quand elle écrit : « *Protection et instruction à tous;* voilà les réformes et les créations demandées dans ce dangereux *Dictionnaire philosophique* » (1).

A ses GUEUX IGNORANTS, Voltaire y tenait énormément. Il y revient : « IL ME PARAIT ESSENTIEL QU'IL Y AIT DES GUEUX IGNORANTS. *Si vous faisiez valoir comme moi une terre, et si vous aviez des charrues, vous seriez bien de mon avis.....* (2)

Et pour couronner le tout, voici ce qu'il écrit à Helvétius : « NOUS NE NOUS SOUCIONS PAS QUE NOS LABOUREURS ET NOS MANOEUVRES SOIENT ÉCLAIRÉS, *mais nous voulons que les gens du monde le soient, et ils seront* » (3).

Ainsi, la différence est nettement tranchée. *Pauperes evangelizantur*, dit la morale du Christ, l'ami des pauvres, des petits, des abandonnés; d'après la morale du sectaire qui se plaisait à s'entendre appeler l'*Ante-Christ*, les pauvres, c'est LA CANAILLE ; elle est indigne des faveurs de l'intelligence et des jouissances de la terre, réservées aux seuls lettrés, à l'aristo-

(1) *Indép.* n° du 27 mars 1856.
(2) 1er avril 1775, à Damilaville.
(3) 13 août, 1762. Il y a encore une lettre curieuse à d'Argental : « C'est à mon gré le plus grand service qu'on puisse rendre au genre humain que de séparer le sot peuple des honnêtes gens pour jamais (27 avril 1765). Bref dans le peuple « *toujours sot et barbare,* » Voltaire ne voyait que « *des bœufs, auxquels il faut un joug, un aiguillon et du foin.* »

cratie, aux riches, que Voltaire appelle, pour ce motif « *les honnêtes gens.* » — Quelle habile corruption de mots! C'est donc la morale du paganisme, transportée en pleine civilisation chrétienne, au profit de quelques « philosophes très-voluptueux », qui ont bien le droit d'appeler « *le superflu chose très-nécessaire* », quand les nécessiteux meurent de faim et de misère à la porte de leurs palais. Morale en-dessous de celle du paganisme; car si Platon admettait des esclaves pour sa République, Platon avait du moins l'excuse d'être païen. Il vivait à une époque où un Dieu n'était pas encore venu sur la terre, pour enseigner aux simples et aux petits des vérités que les superbes ont rejetées dans l'orgueil de leur cœur.

CONCLUSION.

« *Non, Voltaire n'est pas mort, et nous le ferons revivre au besoin* » disait, il y a quelques années M. Cuvillier-Fleury, dans les *Débats*.

Et en présence de tout ce qui se passe autour de nous, nous répétons après lui : « *Non, Voltaire n'est pas mort!* » hélas !

Son esprit subsiste; ses écrits se multiplient; ses disciples se groupent autour du fétiche; pour le centième anniversaire de sa mort, on dirait qu'ils lui préparent les honneurs d'une seconde apothéose. Comme les disciples du Christ ont célébré à Rome, en 1867, le centenaire de St Pierre, de même les disciples de celui qui aimait à être nommé l'*Ante-Christ*, se disposent à célébrer dignement, le 30 mai 1878, l'anniversaire de sa mort.

Et afin que tout soit prêt, que tous soient à leur poste pour cette heure solennelle, le *Siècle* a pris l'initiative d'une grande souscription nationale et universelle, dans le but d'ériger une nouvelle statue à l'idole.

En même temps tout ce qui s'édite par le monde de feuilles impies, entonne un cantique de louanges, en l'honneur du demi-dieu ; et afin que rien ne manque à la grande manifestation, le *Siècle* lui-même s'est chargé de rééditer une nouvelle édition populaire des œuvres complètes de celui qui voulait *Écraser l'Infâme.*

Même M. Havin a poussé la gracieuseté jusqu'à envoyer à Mgr Dupanloup le 1er volume de cette édition dite populaire.

Et cependant une clameur immense d'indignation a accueilli, dans les rangs des libres-penseurs, l'illustre évêque d'Orléans, parce que celui-ci, au dernier de Congrès de Malines, a déclaré qu'élever une statue à Voltaire, c'est élever une statue à l'*Infamie personnifiée.*

Tout cela prouve que *Voltaire n'est pas mort.*

Nous avons dit, dans les chapitres précédents, quel est cet homme étrange, si toutefois ce n'est pas un *démon*, comme l'appelle V. Hugo ; ou plutôt cet homme sans pareil dans l'histoire est venu lui-même nous révéler quel il est. Il nous a dit tout ce qu'il y a de vil, de rampant, de faux, de malfaisant dans son âme corruptrice et corrompue. Mensonge, cupidité, immoralité, impiété, hypocrisie, égoïsme, tels sont ses attributs essentiels. En vain vous chercheriez dans sa vie quelque chose qui rappelle l'homme juste ou le sage, — dans l'acception que le sens commun, que la conscience universelle attribue à ces mots. « Il n'a pas une seule fois l'idée de devenir honnête homme, dit L. Veuillot, il ne se frappe pas une seule fois la poitrine ; on ne lui voit pas un éclair de bon repentir en quatre-vingts ans ! Peut-être qu'il n'y a rien de semblable dans l'histoire des hommes. »

Et c'est un pareil type de « malfaisance » que M. Thiers admire ! Et c'est de ce scélérat de la pensée que le *Siècle* écrit :

J'admire en Voltaire le grand écrivain, le grand poète, le savant illustre, et, par-dessus tout, l'immortel ennemi de l'intolérance, l'adversaire déclaré de tous les préjugés, de tous les abus, l'émancipateur de l'esprit humain; j'admire enfin celui qui a pu dire modestement :

« J'ai fait un peu de bien, c'est mon meilleur ouvrage. »

C'est de lui que l'*Indépendance belge* disait :

Puisque de grossiers insulteurs, la honte du journalisme et de la presse, répandent leur bave et leur boue sur les noms des plus *grands génies*, des plus *humains*, des plus *divins*, dont se glorifie la France moderne et l'univers civilisé; puisque ces misérables affectent de mêler leurs outrages d'un jour à la gloire immortelle que se sont acquise ces *bienfaisants génies* en combattant avec un courage invincible l'*hypocrisie*. et le fanatisme : il est bon que de nobles esprits viennent au pied des *statues vénérées* de ces écrivains impérissables, renouveler les vœux et les hommages des générations intelligentes et sincères (1).

Tout cela prouve, à la dernière évidence, que *Voltaire n'est pas mort.* Et pourquoi n'est-il pas mort? — Parce qu'on ne connaît pas Voltaire. Quand on le connaît, on doit nécessairement rougir du maître, à moins qu'on n'ait perdu le sens moral, disons toute conscience, toute pudeur, tout bon sens.

Et c'est pour cela que, dans la mesure de nos facultés, nous avons cru accomplir un devoir en travaillant à vulgariser les traits du.... monstre, — nous ne trouvons pas d'autre mot.

Avons-nous chargé ces traits? — L'avons-nous calomnié? — Mais nous lui avons toujours laissé la parole; et nous n'avons voulu conclure que sur des faits bien avérés, bien précis, bien authentiques. Nous avons préféré laisser les faits parler d'eux-mêmes. Quand, par hasard, notre conscience nous dictait un jugement sévère, avons-nous été trop loin? — Nous ne déciderons pas, mais nous constaterons que les libres-penseurs eux-mêmes ont été peut-être encore plus sévères que nous.

(1) *Indép. belge,* 27 mars 1886.

Qui s'inscrira en faux contre cette appréciation de Lamartine? (1)

Sa mission commença par le rire et par la *souillure des choses saintes,* qui ne doivent jamais être touchées qu'avec respect, même quand on les brise. De là, la légèreté, l'ironie, trop souvent *le cynisme dans le cœur et sur les lèvres..... Il travailla même avec le mensonge, la ruse, le dénigrement et l'immoralité d'esprit; il employa toutes les armes, même celles que le respect de Dieu et des hommes interdit.*

Il poussa le respect envers les rois jusqu'à l'adoration de leurs faiblesses; il excusa les vices infâmes du grand Frédéric; il agenouilla la philosophie devant les maîtresses de Louis XV. *Voltaire ne rougit d'aucune prostitution de son génie, pourvu que le salaire de ses complaisances lui servît à acheter des ennemis au Christ.*

Le sentiment religieux, Voltaire ne le nourrissait pas dans son âme. De là les résultats de sa philosophie. Elle ne créa ni morale, ni culte, ni charité; elle ne fit que décomposer et détruire. Négation froide, corrosive et railleuse, elle agissait à la façon du poison; elle glaçait, elle tuait, elle ne vivifiait pas.

Nous avons vu comment V. Hugo l'a caractérisé :

Voltaire, le serpent, le doute, l'ironie...

. . . .
O tremble! ce *sophiste* a sondé bien des fanges;
O tremble! ce *faux-sage* a perdu bien des anges.
Ce *démon*, noir milan, fond sur les cœurs pieux
Et les brise. . . . .

Nous avons fait témoigner ses amis : Frédéric, Mme Denis; nous avons cité Mr Sainte-Beuve. Nous n'avons rien dit qui n'ait été dit avant nous, par des libres-penseurs dont le témoignage ne saurait être suspect aux Voltairiens. Il nous semble que rien ne manque à la démonstration, pas même la fureur impuissante qui s'empare des fanatiques, quand on touche à leur idole, et qu'on met à nu les plus horribles des plaies

(1) *Hist. des Girondins.*

morales, la plus affreuse dépravation de l'esprit, la plus
odieuse corruption du cœur.

Il ne leur reste plus qu'une dernière ressource. Après avoir
désavoué le Voltaire vrai; après avoir vu tomber pièce à pièce
tous les oripeaux plus ou moins brillants qui dissimulaient les
souillures de leur Voltaire postiche; après les aveux écrasants
fournis par Voltaire lui-même; nous les voyons soudain changer
d'évolution et nous dire : « Vous n'avez pas le droit de le
prendre au sérieux! La forme vous trompe. Votre procédé est
déloyal. Quand il plaisante et rit, quand il fait de l'esprit, qui
vous autorise à le prendre au mot? « *Il faut distinguer entre la
forme et le fond; chez Voltaire le fond est solide, excellent,
juste, libéral, populaire* » (1).

Ainsi parle l'*Indépendance*. Avec un pareil système, nous
sommes en plein scepticisme. C'est une démonstration comme
une autre, par la réduction à l'absurde.

Eh quoi, vous en faites un sage, un philosophe, un demi-
dieu, et il rit, il ricane toujours ! Vous ne voyez donc pas que
vous le souffletez de la façon la plus cruelle?

« La justice, AU FOND, est le caractère de cette œuvre de
guerre, (l'*Encyclopédie*); la foi, AU FOND, est le caractère de
cette œuvre d'ironie » (2). — Soit, ne contestons pas, mais
convenons que c'est tellement AU FOND, qu'on en gagne le
vertige.

Il faut donc bien se résigner à reconnaître dans Voltaire l'*Infamie personnifiée*, ou bien tomber dans un scepticisme moral
absolu. Pour ceux qui, comme Hégel, affirment l'identité des
contraires, qui soutiennent que Dieu c'est le néant, que le bien

(1) *Indépendance*, n° cité.
(2) Id. Mais voici, par la même occasion, un aveu bien précieux de la même *Indépendance*, n° du 7 août 1854 : « Voltaire est celui en qui se personnifient au plus
haut dégré le XVIIIᵉ siècle et le mouvement libre de la pensée moderne, quelle
que fut d'ailleurs *sa haine contre le christianisme;* HAINE QU'ON NE NIE POINT *et
qu'on n'a aucun intérêt à nier.* »

c'est le mal, que le vice c'est la vertu, la difficulté n'est pas grande. Mais pour nous qui croyons encore à quelque chose, à l'âme, à la responsabilité, à la révélation, à la sanction de l'Éternité, c'est là un tour de force contre lequel notre conscience proteste avec toute l'énergie dont elle est capable.

Oui, nous protestons, et nous ne saurions que hausser les épaules, en présence de tirades comme celle-ci, de Mr J. Janin, dans les *Débats* :

> Laissez dire, amis, les déclamateurs, laissez-les faire, ils ne prévaudront point contre un siècle d'admiration jusqu'au fanatisme... Est-ce donc que le grand peuple de France, au milieu de ce grand XVIIIme siècle, était dupe à ce point qu'il entourait de ses adorations constantes un misérable, un avare, un traître, un menteur, un espion, un incestueux, un proxénète...

Oui, n'en déplaise à Mr J. Janin, un peuple, à ses heures, est capable de démence et de folie. Le triomphe de Voltaire, à Paris, quelques semaines avant sa mort, en est un exemple. Et si Mr J. Janin regimbe, qu'il nous explique donc alors les saturnales et les horreurs de la Révolution, la Terreur et la *Déesse raison*.

Ou bien encore une fois, vous voilà réduit à déclarer que Voltaire n'est pas sérieux. Mais dès lors, ne nous parlez plus ni du philosophe, ni du grand homme, ni surtout de statue. Si nous avons affaire à un mauvais plaisant, capable de toutes les vilénies et de toutes les turpitudes, bon Dieu, que ne le disiez-vous tout de suite ; nous aurions été bien vite d'accord.

Mais s'il n'était pas sérieux, il était tout au moins polisson et lâche ; raison suffisante pour que les honnêtes gens se tiennent à distance et se défient, afin de n'être pas salis par surprise.

Mais son génie, son génie universel, son « activité sans pareille », « sa lucidité merveilleuse », « l'aptitude de son esprit à comprendre les petites choses aussi bien que les grandes)? (1

Jusqu'ici nous n'avons jamais pu nous persuader que la force ou l'ampleur des facultés fût une raison suffisante pour constituer un héros, pour mériter des statues. Erostrate ne devait pas être un imbécile; la question est de savoir comment il s'est servi de ses facultés. Tout est là. Nous admettons les dons remarquables que Voltaire avait reçus de la Providence. Mais qu'est-ce que cela prouve? — Celui qui n'a reçu qu'un TALENT, ne sera responsable que pour un TALENT, mais celui qui en a reçu dix, rendra un compte dix fois plus sévère. Voltaire a abusé de ses remarquables facultés, pour empoisonner les mœurs et pour pervertir les principes. Nous convenons aisément que le premier venu n'eût pas convenu pour cette tâche. Pour faire l'œuvre de Satan, il faut avoir quelque chose du génie de Satan, — de l'*esprit malin*, comme l'appellent les Écritures. Depuis quand puissance, force, activité, santé sont-ils synonymes de vertu, de mérite? Quand est-ce que les peuples ont érigé des statues aux géants qui se postaient au coin d'un bois, pour y égorger les voyageurs sans défense et s'enrichir de leurs dépouilles? Qu'est-ce qui fait la différence entre les saints et les scélérats, entre Néron et Saint-Louis? Qui peut assurer que Néron ne fût pas aussi bien doué, intellectuellement parlant, que Saint-Louis? Le génie, don sublime, arme à double tranchant, n'a de valeur que selon l'usage qu'on en fait. Ou bien, encore une fois, vous ne connaissez plus que la loi de la force, vous niez la responsabilité, vous retombez dans le scepticisme, le matérialisme ou le panthéisme, — au choix.

Au surplus, faut-il discuter davantage? — Pour qui écrivons-nous? — Si nous nous adressons à des aveugles volon-

(1) Mr P. Limayrac, *Presse* du 2 juillet 1854. Dans le même art. il dit: Voltaire était un *honnête homme, qui avait beaucoup de défauts*, je le reconnais; mais enfin, un honnête homme. — « Enregistrons toujours l'aveu. Mais nous demandons qu'on nous définisse l'expression « *honnête homme* » appliquée à Voltaire.

taires ou à des sceptiques systématiques, nous perdons notre temps. Nous parlons pour qui n'a pas perdu le sens moral ; pour les gens de bonne foi, pratiquant ou non, catholiques ou non catholiques. Or, pour tous ceux là, l'évidence a son éloquence, auprès de laquelle toutes les démonstrations sont superflues. On ne gagnera rien à prouver que la lumière du soleil brille en plein midi, quand elle brille en plein midi.

Il est un dernier argument pourtant que nous devons indiquer. Voltaire écrivait quelque part ces mots : « *Meslier parle au moment de la mort, au moment où les menteurs disent vrai; voilà le plus fort de tous les arguments.* »

Or, Voltaire a parlé aussi au moment de la mort, et pour ceux que l'évidence n'aurait pas encore convaincus, montrons comment il a parlé « au moment où les menteurs disent vrai; ce sera le plus fort de tous les arguments. »

Voltaire avait dit à Dalembert, le 26 juin 1766 : « *Je mourrai, si je puis, en riant.* » Il s'était défendu d'avance contre ce qu'il appelait « *la barbarie de l'extrême-onction;* » il se flattait d'être assez heureux pour *mourir comme un chien.*

Son médecin, le docteur Tronchin, un protestant, au contraire, avait dit : « S'il meurt gaîment, comme il l'a promis, j'en serai bien trompé..... Le ciel de la vie à venir n'est pas aussi clair que celui des îles d'Hyères ou de Montauban pour un octogénaire *né poltron et tant soit peu brouillé avec l'existence éternelle*..... Ce sera un *plat mourant.* »

Au moment où les menteurs disent vrai : « *Tirez-moi de là !* avait dit le malade à Tronchin. A quoi celui-ci avait dû répondre : « *Impossible, il faut mourir !* »

C'est alors qu'il dit à Marmontel : « *Je suis au supplice et je me meurs dans des tourments affreux...*

C'est alors qu'au milieu des rugissements et des blasphèmes il invoquait et le vociférait le nom de *Jésus-Christ* (1). C'est

---

(1) N'oublions pas que, vingt ans plus tôt, le 25 février 1758, il avait écrit à d'Alembert : « *Dans vingt ans, Dieu aura beau jeu!* »

alors qu'il s'écria : « *Je suis abandonné de Dieu et des hommes...!*

Au moment ou les menteurs disent vrai : « *Je sens*, criait-il, *une main qui me mène au tribunal de Dieu!* » Et tournant vers la ruelle de son lit des regards effarés : « *Le diable est là; il veut me saisir..... Je le vois..... Je vois l'enfer..... Cachez-le moi....!* »

C'est alors que, dans un accès de rage et de soif ardente, il porta à sa bouche son vase de nuit et en vida le contenu. Puis il poussa un dernier cri, et expira au milieu des ordures et du sang qui lui sortait par la bouche et les narines (1).

Oui, c'est là le plus fort de tous les arguments. — Tellement fort, que Richelieu, ce roué, s'enfuit en disant : « *En vérité, cela est trop fort, on ne peut y tenir,* » Tellement fort, que les gens de la maison, épouvantés, s'écrièrent : « *Si le diable pouvait mourir, il ne mourrait pas autrement!* » (2)

---

(1) C'est pour cela que J. Janin, mentant à l'histoire autant qu'à la vraisemblance et aux témoignages les plus authentiques, convaincu que « mentir pour son ami est le premier devoir de l'amitié » a écrit : « Il s'endormit paisible et content dans sa gloire, sûr de la postérité. Il disait, lui aussi, à son lit de mort : « *Dormir!...* »

(2) Toutes ces citations, tous ces détails reposent sur des témoignages irrécusables. En vain les *philosophes* ont organisé la conspiration du mensonge pour donner le change. La critique moderne, basée sur des documents d'une authenticité reconnue, est venue sanctionner les déclarations de ceux qui ont vu et qui n'avaient nul intérêt à mentir. On comprend que nous ne puissions ouvrir ici une controverse sur ce point ; mais nous déclarons que, nous aussi, nous avions commencé par le doute, en présence des contradictions que nous rencontrions dans les témoignages. Aujourd'hui, notre conviction est formée. Qu'il nous suffise de citer une lettre du 20 juin, quelques jours après la mort de Voltaire, adressée par un témoin oculaire impartial, le docteur Tronchin, à Charles Bonnet :

« Si mes principes avaient besoin que j'en resserrasse le nœud, l'homme que j'ai vu dépérir, agoniser et mourir sous mes yeux, en aurait fait un nœud gordien ; et en comparant la mort de l'homme de bien qui n'est que le soir d'un beau jour, à celle de Voltaire, j'ai vu bien sensiblement la différence qu'il y a entre un beau jour et une tempête.... Je ne me le rappelle pas sans horreur. Dès qu'il vit que tout ce qu'il avait tenté pour augmenter ses forces avait produit un effet contraire, la mort fut toujours devant ses yeux ; dès ce moment, la rage s'est emparée de son âme. Rappelez-vous les fureurs d'Oreste ; ainsi est mort Voltaire. « *Furiis agitatus obiit.* »

L'original de cette lettre est conservé à Genève.

Voilà le langage que parla Voltaire, « au moment où les menteurs disent vrai. »

Arrêtons-nous. — Un homme qui pense, parle, écrit, vit et meurt comme cet homme là, quel est-il ? Quel est le nom qui lui revient ?

De bon compte, est-ce là un sage, un philosophe, un bien-faiteur de l'humanité ? — Ne suffit-il pas de juger l'arbre à ses fruits ? Intelligence pervertie, cœur corrompu, Voltaire devait nécessairement user sa prodigieuse activité à corrompre, nier, détruire. *L'homme, c'est le style.*

A l'œuvre on connaît l'artisan. Voici ce que Voltaire disait lui-même de son œuvre : « *Tout ce que je vois jette les semences d'une révolution qui arrivera immanquablement, et dont je n'aurai pas le plaisir d'être le témoin..... La lumière s'est telle-ment répandue de proche en proche, qu'on éclatera à la première occasion, et alors ce sera un beau tapage. Les jeunes gens sont bien heureux*, ILS VERRONT DE BELLES CHOSES. »

De belles choses assurément : la guillotine, les noyades, les massacres de septembre et la Déesse Raison.

C'est de ces belles choses que Condorcet a pu dire : « Voltaire n'a pas vu tout ce qu'il a fait, mais il a fait tout ce que nous voyons. »

Encore une fois, cet homme là, quel est le nom qui lui revient ?

M. Royer-Collard a dit : « Si le christianisme a été une dé-gradation, s'il a fait l'homme pire qu'il n'était, Voltaire, en l'attaquant, a été un bienfaiteur de l'humanité ; mais si c'est le contraire qui est vrai, le passage de Voltaire sur la terre chré-tienne a été *une grande calamité.* »

Paroles mémorables, et dignes d'une sérieuse attention.

J. de Maistre a dit, répondant anticipativement au projet d'apothéose et de statue des Havins et consorts : « Quand je vois ce qu'il pouvait faire et ce qu'il a fait, ses inimitables talents ne m'inspirent plus qu'une espèce de rage sainte qui n'a pas de nom. Suspendu entre l'admiration et l'horreur, quelquefois je voudrais lui faire élever une statue..... par la main du bourreau..... »

Quant à nous, dont la conviction profonde et basée sur l'évidence matérielle des faits ne saurait plus, désormais, être ébranlée, reprenant la parole prononcée par Mgr Dupanloup, dans la séance du 5 septembre du Congrès de Malines, nous croyons pouvoir dire après lui :

« *Une statue à Voltaire! Si cela se fait, et cela peut se faire, car tout est possible...... on aura élevé une statue à l'*INFAMIE PERSONNIFIÉE!

FIN.

www.ingramcontent.com/pod-product-compliance
Lightning Source LLC
Chambersburg PA
CBHW052213270326
41931CB00011B/2331